建筑是一次诗意旅行

李子燕 ◎ 著

建筑师

中国出版集团

现代出版社

图书在版编目（CIP）数据

建筑是一次诗意旅行 / 李子燕著. ——北京：现代出版社，2013.1 （2024.12重印）

（我的未来不是梦）

ISBN 978-7-5143-1057-3

Ⅰ.①建… Ⅱ.①李… Ⅲ.①建筑师－生平事迹－世界－青年读物②建筑师－生平事迹－世界－少年读物 Ⅳ.①K816.16-49

中国版本图书馆 CIP 数据核字(2012)第 292872 号

我的未来不是梦—建筑是一次诗意旅行（建筑师）

作　　　者	李子燕
责任编辑	张　晶
出版发行	现代出版社
地　　　址	北京市朝阳区安外安华里 504 号
邮政编码	100011
电　　　话	(010) 64267325
传　　　真	(010) 64245264
电子邮箱	xiandai@cnpitc.com.cn
网　　　址	www.modernpress.com.cn
印　　　刷	唐山富达印务有限公司
开　　　本	700×1000　1/16
印　　　张	12
版　　　次	2013 年 1 月第 1 版第 1 次印刷　　2024 年 12 月第 4 次印刷
书　　　号	ISBN　978-7-5143-1057-3
定　　　价	47.00 元

序　言

这套以"我的未来不是梦"命名的丛书,经过众多编者的数年努力,终于以这样的形式问世了。

此时,恰值党的"十八大"刚刚胜利闭幕,选举出了以习近平同志为首的党中央领导集体。"十八大"报告中对教育领域提出:"坚持教育为社会主义现代化建设服务、为人民服务,把立德树人作为教育的根本任务,培养德智体美全面发展的社会主义建设者和接班人。"这使我们编者更感此套丛书生即逢时,契合新时期新要求,意义重大。

我们编写的这套《我的未来不是梦》系列丛书,精选了古往今来的一些重要职业,尤以当下热点职业为重。而"梦想的实现"则是本套丛书的核心。整套书立意深远,观点新颖,切合实际,着眼实用,是不可多得的青少年优质读物。

我们深信,这套丛书必将伴随小读者们的生活与学习,而促进他们德智体美全面健康的成长。更使他们对未来充满信心,驾驭着新知识和新科技,驶入海洋,飞向蓝天,去实现最美好的梦想!

目录 CONTENTS

第一章

建筑是一次诗意的旅行

○导读○

"砖，你想成为什么？""我想成为一个拱。"路易斯·廉曾经这样说。

"人类将以自己的智慧和劳动不断探索建筑学的未来，为这部巨著撰写新的更加瑰丽的篇章。"雨果曾在《巴黎圣母院》中期待。

用砖石筑起的历史年鉴

"如跂斯翼,知矢斯棘,如鸟斯革,如斯飞。"《诗经》里曾如此描写。

"五步一楼,十步一阁。廊腰缦回,檐牙高啄。各抱地势,钩心斗角。"杜牧曾有赋云。

"是谁笑成这百层塔高耸,让不知名鸟雀来盘旋? 是谁笑成这万千个风铃的转动,从每一层琉璃的檐边,摇上云天。"林徽因曾经在《深笑》歌颂。

顺着这些文字的指引,我们踏上漫漫的旅途,去看看阡陌交错、关山重重的历史长河,去寻找人类文明进步的足迹,去世界各地品味那些如诗如画的建筑艺术。或许建筑应该就是历史的年鉴,一个时代的建筑,正好体现了一个时代的精神和风貌,就像标准的格律诗一样,平仄的运用和节奏的轻重缓急,就形成了它的特色。

人类最早的建筑萌芽,应该从原始社会开始计数。居住需求是最直接的原因,人类经历了穴居野外到构木为巢,从此对"家"有了最原始的认知。不过当时"建筑"的过程很简单,所谓的房屋也只是用树木搭成的,仅仅是为了遮雨蔽风、防寒祛暑,没有审美意义。我国西安半坡村遗址说明,直到原始社会母系氏族后期,氏族聚居的房屋才初具规模,布局也已经趋于合理,还有公共活动场所、公共仓库、公共墓地等。

在欧洲的新石器时代,西亚的哈松纳文化层就有了用日晒砖筑成的方形住室,中间有炉子和谷仓;到公元前 4000 年的乌贝德文化期,就有了堡垒式的套间住宅。新石器时代中期,克里特岛上已经有石材建造的房屋;

丹麦和瑞士也发现了属于此时的木构造湖上村落遗址；意大利波河流域也有类似发现。

恩格斯认为："只有奴隶制，才使农业和工业之间的更大规模的分工成为可能，从而为古代文化的繁荣创造了条件。"也就是说，奴隶社会人类大规模的建筑活动已经开始，建筑不再局限于实用，更注重一种精神的象征，凝聚了人类的智慧和才华，成为至今仍令人赞叹不已的艺术瑰宝。

让我们先去埃及大漠看看胡夫金字塔，它高146.4米，底边各长230.35米，用230余万块2吨到3吨的巨石叠成。据记载，这座金字塔是从当时只有的二三百万居民中，每三个月强征10万人轮番工作了30年之久才建成的。金字塔群位于沙漠边缘30米高的台地上，近旁有高20米、长60米的狮身人面像"斯芬克斯"。在蔚蓝色的天空下、广阔无垠的金黄色沙漠前，这些作为埃及法老陵墓的灰白色金字塔，以其高大、沉重、稳定、简洁的形象，显示了法老威严恢宏的气势。

而在古希腊风格中最有代表性的建筑，是公元前5世纪，雅典人为纪念其对波斯战争的胜利重建的雅典卫城。卫城建造在陡峭的山冈上，由前部的山门和胜利神庙、帕提农神庙、伊瑞克先神庙组成，中心是雅典的保护神雅典。主神庙帕提农庙位于卫城最高处，是象征男性魁梧与雄壮的陶立克柱式的典范，造型粗犷浑厚，挺拔有力。与之遥相对应的雅典人始祖伊瑞克先神庙，是象征女性温文、典雅的爱奥尼柱式的代表，纤巧秀丽，活泼精致，色彩淡雅，形式多变，与帕提农神庙相映成趣。雅典卫城建筑群高低错落，把古希腊人们渴望自由的理想和感情，用诗意的手法表达得淋漓尽致。

建筑，是人类创造的最伟大的奇迹，中国古代建筑同样是世界瑰宝。现在让我们登上中国的万里长城，抚摸那渗透着我国古代劳动人民血汗和智慧的砖石，替远在两千多年前的孟姜女给万喜良送一件寒衣；然后，再去西安郦山看看秦始皇兵马俑，问问他们可否愿意载着孟姜女穿越到现代，过一种自由、平等、和谐、美好的幸福生活？

真想带孟姜女去看看秩序井然的北京城，这座中国历史上最后5代封

建王朝辽金元明清的都城,体现了中国古代城市规划的最高成就,被称为"地球表面上,人类最伟大的个体工程。"宏阔显赫的故宫里,曾先后居住过24位皇帝,是明清两朝无与伦比的古代皇宫,也是世界现存最大、最完整的木质结构的古建筑群。故宫也叫紫禁城,相传有9999个房间,据说玉皇大帝有10000个宫殿,为了不超越神,所以修了9999个宫殿。

或者去圣洁高敞的北京天坛,追溯明朝永乐年间,朱棣皇帝是如何举行祭天活动的。天坛熔古代哲学、历史、数学、力学、美学、生态学于一炉,是华夏文明的积淀。从选位、规划、建筑的设计以及祭祀礼仪和祭祀乐舞,无不依据中国古代《周易》阴阳、五行等学说:圜丘的尺度和构件的数量集中并反复使用"九"这个数字,以象征"天"和强调与"天"的联系;天坛祈年殿以圆形和蓝色象征天;殿内大柱及开间又分别寓意一年的四季、二十四节气、十二个月和一天的十二个时辰,以及象征天上的星座恒星等。处处"象天法地"是古代"明堂"式建筑仅存的一例,是中国古文化的载体。

看够了中国北方的风景,再去南方苏州园林转转。从春秋时期吴国到五代再到宋代,苏州园林一步步修建成熟,兴旺于明代,鼎盛于清代。园林虽然占地面积不大,但以独具匠心的艺术手法在有限的空间内点缀安排,移步换景,变化无穷。如今作为中国园林的代表被列入《世界遗产名录》,是中华园林文化的翘楚和骄傲,每年吸引世界各国游客前来观光游览,细细感受"不出城郭而获山水之怡,身居闹市而有灵泉之致"的悠然意境。

若是觉得苏州园林的风格过于婉约淡雅,那么就去西欧,领略以法国为中心哥特式建筑。自公元12世纪到公元15世纪,城市已成为各个封建王国的政治、宗教、经济和文化中心,这一时期兴起了封建社会大发展的产物——哥特式艺术。在欧洲人眼里罗马式是正统艺术,继而兴起的新的建筑形式就被贬为"哥特",是野蛮的意思。第一个哥特式建筑是在法国国王的领地上诞生的。之后整个欧洲建筑都受到"哥特式"的影响。

如果说罗马式建筑以其坚厚、敦实、不可动摇的形体来显示教会的权威,形式上带有复古继承传统的意味,那么哥特式则以蛮族的粗犷奔放、灵巧、上升的力量体现教会的神圣精神。它的直升的线条,奇突的空间推移,

透过彩色玻璃窗的色彩斑斓的光线和各式各样轻巧玲珑的雕刻的装饰,综合地造成一个"非人间"的境界,给人以神秘感。有人说罗马建筑是地上的宫殿,哥特式建筑则是天堂里的神宫。

欧洲中世纪建筑多为教堂、修道院等宗教建筑,宗教味浓烈。中世纪著名建筑有很多,如法国的巴黎圣母院、圣特提恩修道院;意大利的米兰大教堂、圣玛利亚修道院;西班牙的圣玛利亚大教堂;德国的科隆大教堂、夏东大教堂;英国的威斯敏斯特大教堂。

豪华眩目的凡尔赛宫则是古典主义风格的代表,位于法国巴黎西南郊外凡尔赛镇,是法国封建统治时期一个华丽的纪念碑。正宫前面是一座风格独特的"法兰西式"的大花园,园内树木花草别具匠心,使人看后顿觉美不胜收。而建筑群周边园林亦是世界著名,与中国古典的皇家园林有着截然不同的风格,完全是人工雕琢的,极其讲究对称和几何图形化,无不闪耀着人类智慧的光芒。

15世纪意大利的文艺复兴建筑,在理论上以文艺复兴思潮为基础;在造型上排斥象征神权至上的哥特式建筑风格,提倡复兴古罗马时期的建筑形式,特别是古典柱式比例,半圆形拱券,以穹隆为中心的建筑形体等。例如,意大利佛罗伦萨美第奇府邸、维琴察圆厅别墅和法国枫丹白露宫等。

文艺复兴时期的建筑在16~17世纪的世界建筑史上写下了光辉的篇章,这应该归功于以下几位代表人物:伯鲁乃列斯基;莱昂·阿尔伯蒂;伯拉孟特;米开朗基罗和帕拉第奥。他们认为古典建筑,特别是古典柱式构图体现着和谐与理性,并同人体美有相通之处,这些正符合文艺复兴运动的人文主义观念。他们一方面采用古典柱式,一方面又灵活变通,大胆创新,甚至将各个地区的建筑风格同古典柱式融合一起。他们还将文艺复兴时期的许多科学技术上的成果,如力学上的成就、绘画中的透视规律、新的施工机具等等,运用到建筑创作实践中去。

因此说,社会的进步正是人类本身在进步,是知识和智慧改变了世界。而紧随其后的巴洛克建筑外形自由,追求动态,喜好富丽的装饰和雕刻、强烈的色彩,常用穿插的曲面和椭圆形空间,于17-18世纪一度在欧洲流行。

诗意与感动

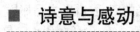

建筑是诗。18 世纪的欧洲,许多建筑所表现出的热情,也同样表现于当时的诗歌之中。比如在南欧基督教的圣颂诗歌与北欧异教的《爱达史诗》中,都隐隐透露出空间无尽的韵律、节奏和想象,体会那种坚历沉毅的意志,要征服并粉碎一切可见的阻力。

建筑是画。中国的古代建筑是群体取胜,造成群体序列的性格和序列展开的效果,也往往要依靠这些附属的艺术。如华表、石狮、灯炉、屏障、碑碣等,单独的古建筑也常用壁画、匾联、碑刻、雕塑来加以说明。从这个意义上,也说明了建筑具有一定的艺术综合性,具有鲜明的审美功能性。

建筑是音乐。在日本爱知县,有一座别致的音乐桥。这是一条人行便桥,全长仅 31 米,宽两米,桥两侧栏杆装有 109 块不同规格的音响栏板。过桥的人,只要拿起木槌,轻击栏板,不管你懂不懂音乐,会不会唱歌,就能奏出一首法国民谣《在桥上》。回来时,敲击桥的另一侧,就会响起日本家喻户晓、脍炙人口的民歌《故乡》。人们称誉它是"石琴桥"、"声情并茂的建筑物"等等,只是很少有人能想到,这座小桥最初的设计提出者,竟是一个爱哼小曲的中学生呢!

建筑是一个美妙的东西。建筑反映的不只是建筑本身的造型和内部的空间关系。从建筑里,你能解读到建筑大师的人生观和建筑所蕴涵的文化。不同文化的探访,不同文明的感悟,不同世俗生活的亲历,从一个建筑看世界,你能从中领略到永恒。

随着社会的发展，人类的不断进步，建筑功能越来越复杂，发展到现代，已与手工业方式决裂，而与大生产相联系，受现代意识形态和其他艺术形式的影响，已经在传统建筑的基础上产生了巨大的飞跃，显示出崭新的风貌。

建筑材料和居住环境要求也在改变，现代建筑越来越呈现出它的实用性、多样性和人性化。淡淡的灰、轻轻的白、没有五彩斑斓的色彩的玻璃，以及明晃晃的铝合金闪动着金属的光，折射着时光的壁间，看上去是那样简洁，那样轻盈。它是真实的，来不得半点虚假，它是现代人快捷生活方式的写照，是这个时代必有的特色。

人们透过砖木的、石质的或是钢筋水泥的结构，看到的应该是一种生命的呈现，它不仅有情感的传递，甚至有思想的凝聚，在静默中说明和展示着文化的传统和现状。凡属某一时代先进的物质材料、工艺技术等，大都在建筑物上得到充分的体现，成为人类文明发展阶段的标志——而这些伟大的成就，都来自一位位设计师的灵感和智慧，是他们为人类历史长河，创造了一个又一个辉煌的奇迹。

为了感谢那些设计师，为了促进建筑事业的共同进步，1985 年 6 月 9 日，国际建筑师协会在美国旧金山召开了第 63 届理事会，确定每年 10 月的第一个星期一为"世界建筑日"。如今，愈来愈多的人认识到：一个城市的地标不在于它的高度，而是在于能否在所处的环境中显示出独特的气质。现代的地标，更应该肩负着时代意义和时代精神，是高科技与人文关怀的完美结合。

有人说，建筑就像一次诗意的旅行，场地、功能和文化是建筑的三要素，前两者可以用眼睛发现；而文化是建筑的灵魂与主宰，是上帝之手，必然是心灵的发现与体悟。那么在接下来的故事里，就让我们随着世界著名建筑大师的足迹，深入到一种鲜活的旅途之中，用心灵去洞察和思考，发掘出灵魂深处的诗意和感动吧。

● 智慧心语 ●

知识愈广，人的本身也愈臻完善。

——高尔基

若志趣不远，心不在焉，虽学无成。

——张载

人并不是因为美丽而可爱，而是因为可爱才美丽。

——托尔斯泰

幸福永远存在于人类不安的追求中，而不存在于和谐与稳定之中。

——鲁迅

人的智慧掌握着三把钥匙，一把开启数字，一把开启字母，一把开启音符。知识、思想、幻想就在其中。

——雨果

当我们只遇到逆风行舟的时候，我们调整航向迂回行驶就可以了；但是，当海面上波涛汹涌，而我们想停在原地的时候，那就要抛锚。当心啊，年轻的舵手，别让你的缆绳松了，别让你的船锚动摇，不要在你没有发觉以前，船就漂走了。

——卢梭

欧洲古典建筑

第二章

兴趣是人生第一位老师

◦导读◦

　　歌德说，"哪里没有兴趣，哪里就没有记忆。"良好的兴趣可以让人们热爱生活，适应环境，可以成为一种向上的精神支柱；可以使人们克服各种各样的困难和险境，培养出顽强毅力，并沿着既定的目标奋勇前进！因此，兴趣和爱好决定人生的方向，如果一个人不知道他要驶向哪个码头，那么任何风都不是顺风！

古塔檐边转动诗意的风铃

"我说你是人间的四月天,笑音点亮了四面风;轻灵在春的光艳中交舞着变。你是四月早天里的云烟,黄昏吹着风的软,星子在无意中闪,细雨点洒在花前。那轻,那娉婷,你是,鲜妍百花的冠冕你戴着,你是天真,庄严,你是夜夜的月圆……"

每每读到这首诗歌《你是人间的四月天》,眼前就会出现一位才貌双全的女作家林徽因,同时又是中国第一位女性建筑学家,被胡适誉为中国一代才女。美国著名学者费正清曾这样形容她:"林徽因就像一团带电的云,裹挟着空气中的电流,放射着耀眼的火花。"

与美丽相辅相成的,自然缘于林徽因过人的才气。因此有人钦佩地赞叹道,"欧洲文艺复兴时期,曾出现过像达·芬奇那样的多面手;而林徽因则是中国文艺复兴时期脱颖而出的一位多才多艺的人。她在建筑学方面的成绩,无疑是主要的,然而在诗歌、小说、散文、戏剧等方面,也都有所建树。"

1904 年,林徽因出生于杭州市一个书香门第,祖父林孝恂进士出身,父亲林长民擅诗文,工书法,因此对后代的要求也很严格。从小林徽因对父亲的书房就特别感兴趣,看到父亲读书写字就无比崇拜。无奈父亲常年在外,而母亲没有文化,根本不能满足她读书的愿望。

从五岁开始,林徽因跟表兄弟姊妹在祖父家的大院里生活,享受了大户人家少爷小姐们的欢乐,也受到书香气息的熏陶,天生一种稳重淑雅的才女气质。看到她那么喜爱书籍,大姑母林泽民就尽心尽力地教她,终于

我的未来不是梦

圆了林徽因的读书梦。大姑母可以说是她的启蒙老师,不仅让林徽因对诗文书画产生深厚的兴趣,同时还弥补了母亲性格和文化方面的缺陷。因为林徽因的母亲几乎是受父亲和家庭嫌弃的,还好林徽因自小聪明可爱,并没有因为母亲的原因而受冷落,但这也让她过早地看透了人间的冷暖。

六岁时,林徽因就表现出过人的文采,开始代笔为祖父给父亲写信。她以简洁又深情的文字,把祖父对父亲的牵挂和家人对父亲的惦念,表达得清晰感人;同时也不忘记写上自己的学习情况,让远在他乡的父亲看着自己的成长和进步。父亲在北京忙于政事,能接到女儿的信,成了他繁忙工作之余最大的乐趣和欣慰。而每每读到父亲的回信,也让年幼的林徽因体会到深沉的父爱,父亲鼓励她要专心跟姑母学习,等将来再长大些,送她去女子学校进修。这样的承诺让林徽因欣喜若狂,从此更加认真读书习字。

而性格中的坚忍,应该也是从小就培养起来的。小时候她得了水痘,那是那时代每个小孩子都要出的病,杭州人称为“水珠”。很多小孩子会因为病痛而哭泣,但小小林徽因却从不哭。每当母亲用哀怨的眼神望着她,问她疼不疼的时候,林徽因都会给母亲一个灿烂的微笑,然后安慰母亲说:“怎么会疼呢?水珠是多么美丽的名字啊,它不是病魔,而是充满灵性的仙子。现在它落在谁身上,就会把她变成快乐的天使。”

祖父病故后,父亲依然在北京工作,全家人住在天津,刚刚十二三岁的林徽因几乎成了家里的主心骨。照顾两位母亲,照应几个弟妹,包括搬家打点行李等事宜,都由她柔弱的肩膀承担起来。林徽因的聪慧、懂事,父亲看在眼里,疼在心上,很快实现了当初的承诺,送她就读于英国教会办的北京培华女中;在她16岁的时候,又带她游历欧洲。

欧洲之行是改变林徽因命运的一次重要旅行,首先,在伦敦受到房东女建筑师的影响,对从未接触过的建筑学产生了深厚的兴趣,并立下了攻读建筑学的志向。而在此期间,她还结识了诗人徐志摩,对新诗也产生了深厚兴趣。曾有人说,林徽因的两个爱好是两个极端,建筑学是严谨枯燥的,而文学又是浪漫虚无的。但是林徽因觉得自己获得了两件奇珍异宝,那段时间,她的心灵异常充盈,幻想有朝一日设计出富有文学味道的建筑。

后来，林徽因通过勤奋和努力，通过坚忍和执著——果然做到建筑学和文学气质的完美统一！很多读过她学术论文和调查报告的人都评价说，"不仅有严谨的科学内容，而且用诗一般的语言描绘和赞美祖国古建筑在技术和艺术方面的精湛成就，使文章充满诗情画意。"而在文学作品中，她也常用古建筑的形象作比喻。在30年代她被列入当时出版的《当代中国四千名人录》。

但是，在林徽因辉煌而又传奇的人生背后，往往很少有人在意她为此付出的汗水和艰辛。为了实现这个志愿，她多方求学，不断完善自我。她曾经和丈夫梁思成一起赴美攻读建筑学。可是当时美国宾州大学建筑系不收女生，她不得不改读该校的美术学院，主修建筑系课程。回国后受聘于东北大学建筑系和专业英语教师。

为了寻求建筑的真谛，林徽因跟随丈夫共同走了中国的15个省，200多个县，考察测绘了200多处古建筑物，我国的很多古建筑就是通过他们的考察得到了国内外的认识，从此加以保护。比如像河北赵州石桥、山西的应县木塔、五台山佛光寺等等。

在从事建筑科学研究之余，林徽因也开始了文学创作。她的第一首诗《谁爱这不息的变幻》发表后，又相继创作了大量的散文、小说、诗歌、戏剧和文学评论，受到文学界和广大读者的赞赏，奠定了她作为诗人的地位。

后来，"七七"事变暴发，林徽因被迫中断了山西五台山佛光寺的考察工作，逃难到四川宜宾附近的李庄，住在低矮破旧的农舍里。颠沛流离的生活和艰苦的物质条件，使她肺病复发，整夜整夜的咳嗽。可是她不愿意浪费一点儿时间，在病榻上，通读了廿四史中有关建筑的部分，为写《中国建筑史》搜集资料，经常工作到深夜。几年中，她协助梁思成完成了《中国建筑史》初稿和用英文撰写的《中国建筑史图录》稿，初步实现了他们在学生时代就怀有的心愿。

这个时期，林徽因的文学作品不多，在她若干诗稿中，迷惘、惆怅、苍凉、沉郁已代替了战前那恬静、飘逸、清丽、婉约的格调。诗中时时流露出关心祖国前途命运的情愫。直到新中国成立后，林徽因迸发出前所未有的

旺盛精力，为新中国建筑业和民族艺术做出不可磨灭的贡献。

林徽因曾与清华大学建筑系的几位教师一起完成了中华人民共和国国徽图案的设计任务；她曾担任人民英雄纪念碑建筑委员会委员，承担为碑座设计纹饰和花圈浮雕图案的任务；她关心传统手工业的复兴，为濒临停业的景泰蓝、烧瓷等传统工艺品设计了一批具有民族风格的新式图案，亲自参加试制，并为工艺美术学院培养研究生；她参加中南海怀仁堂的内部装修设计，还参加在北京召开的亚洲及太平洋区域和平会议，翌年，她当选为中国建筑学会第一届理事会理事。担任《建筑学报》编委、中国建筑研究委员会委员。1954年6月，她当选为北京人民代表大会代表。

一本书中，曾有过这样的真实记载：

林徽因对首都城建总体规划提出了有远见的建议。她以极大的科学勇气和对人民、对历史负责的精神，反对拆毁城墙、城楼和某些重要古建筑物的错误主张，力主保存北京古城面貌，并提出修建"城墙公园"这个既能保存古文物又可供人民憩息的新设想。明清古城墙被拆毁时，林徽因抚砖痛哭，冲动地指着时任北京市副市长吴晗说："你们真把古董给拆了，将来要后悔的！即使再把它恢复起来，充其量也只是假古董！"虽然那时的林徽因肺病已严重，喉音失嗓，然而在她的神情与气愤中，却是句句是深情，震撼人心。

如今，旧牌楼早已随着文化浩劫烟消云散，但林徽因当时的金刚怒吼，必将永远环绕在每一位具有良知血性的中国学者心头。也就是在这样的一种悲愤的心境下，林徽因的病情急速恶化，最后拒绝吃药救治，于1955年离世……

祖国纪念她，将她的遗体安葬在八宝山革命公墓，墓碑上镌刻着"建筑师林徽因之墓"；还把她亲自为人民英雄纪念碑设计的一方汉白玉花圈刻样，移做她的墓碑。人民纪念她，浙江杭州花港观鱼公园里，一块新颖别致的纪念碑上，人物像和记述文字全部镂空，向世人展示一代才女的励志传奇故事。

我想，人们永远也不会忘记那优美的诗句，因为那是她用心灵在歌唱：

"雪化后那片鹅黄,你像;新鲜初放芽的绿,你是;柔嫩喜悦水光浮动着你梦中期待的白莲。你是一树一树的花开,是燕在梁间呢喃,——你是爱,是暖,是希望,你是人间的四月天!"

逐梦箴言

　　本小节里的主人公林徽因,作为中国建筑学术的先行者,几乎标志着一个时代的颜色:出众的才,倾城的貌,情感生活像春天的童话,融合了亦舒式女性理想和琼瑶小说满天飞舞的浪漫。有人说,"年轻是我们唯一有权力去编织梦想的时光",而林徽因则才自清高志自明,她最大的成功,是终其一生都能与自己的兴趣爱好形影相随。

知识链接

【林徽因最具代表性建筑设计——吉林西站站房】

　　1930 年吉林西站建成时为吉海铁路总站,曾名八百陇站、黄旗屯站,1985 年改名为吉林西站。吉林西站是一座大型哥特式尖屋顶建筑,占地面积 897 平方米。车站主体建筑是方石结构,屋顶为折型木结构,外挂琉璃瓦,室内有壁画装饰。钟塔尖离地面高度为 29 米,塔内有螺旋型木制阶梯,登上塔顶可俯视四方。站舍坐北朝南,造型如雄狮伏卧,狮尾被巧妙地设计成钟塔。在刘德华的《烽火佳人——天若有情 3》中,影片中的火车站即是在吉林西站拍摄。2007 年 5 月 31 日被列为吉林省第六批文物保护单位。

【林徽因主要文学成就】

　　她一生著述甚多,包括散文、诗歌、小说、剧本、译文和书

我的未来不是梦

知识链接

信等作品,均属佳作,代表作诗《你是人间四月天》《那一晚》《谁爱这不息的变幻》《仍然》《激昂》《一首桃花》《山中一个夏夜》《笑》《深夜里听到乐声》《情愿》;短篇小说《窘》《九十九度中》等;话剧《梅真同他们》;散文《窗子以外》《一片阳光》等。

【有关林徽因的传记】

关于林徽因的传记有《美丽与哀愁:一个真实的林徽因》,《林徽因寻真》,张清平的《林徽因传》,黄杨的《梁思成与林徽因》,林杉的《一代才女林徽因》,陈学勇的《莲灯微光里的梦——林徽因的一生》,刘炎生的《绝代才女林徽因》,白落梅的《你若安好,便是晴天》,王臣的《喜欢你是寂静的:林徽因传》,肖辰的《情若莲花的女子:林徽因传》。

在丰富的实践中微笑

2011 年 4 月 20 日，在清华大学标志性建筑大礼堂里，举办了梁思成先生诞辰 110 周年纪念大会，表达对这位影响了整个中国建筑界乃至全社会的先驱的尊敬。梁思成是梁启超的儿子，是中国著名的建筑学家和建筑教育家，中国科学史事业的开拓者，与吕彦直、刘敦桢、童寯、杨廷宝合称"建筑五宗师"。

"戊戌政变"失败后，梁启超流亡到日本的第三年，也就是 1901 年，梁思成在东京出生，给全家带来了希望和欢乐。童年时代就读于日本华侨学校，在父亲的影响和督促下，梁思成自幼就攻读《左传》《史记》等古籍，对中国传统文化产生深厚的兴趣。梁思成也特别崇拜父亲，尤其是甲午战争和庚子赔款之后，中国屡受外国欺凌，这种环境培养了他浓厚的爱国主义情怀和深沉挚烈的民族意识。他希望有一天自己也能像父亲那样博学多才，为中国的掘起和振兴而呐喊，哪怕献出一切。

1914 年，梁启超先生曾到清华做演讲，以"天行健、君子以自强不息；地势坤、君子以厚德载物"为中心内容，激励清华学子发奋图强。此后，学校即以"自强不息、厚德载物"八字尊为校训，并制定校徽嵌于大学礼堂正额，以壮观瞻。父亲的这次清华大学之行，深深地铭刻在少年梁思成的脑海里，也让他从此钟情于清华，爱上了这个留下父亲身影的美丽校园。

后来梁思成进清华学校读书，一呆就是八年，从 14 岁时那个懵懂的少年慢慢成长为有理想有抱负的文学青年。梁思成在学习期间，不但学业优

秀，而且兴趣广泛，可谓音、体、美全面发展：当时学校办了校刊，他便自告奋勇地为校刊画插图，因为画得非常有特色，被聘为美术编辑；他在音乐方面也很有天赋，曾参加过学校的合唱队和军乐队，担任过乐队队长和第一小号手；他还喜欢踢足球，只要学校有什么赛事，绿茵场上肯定会有他的身影。

而最终让他把爱好变成事业的，却是建筑学。那是 1924 年，梁思成赴美国宾夕法尼亚大学求学，立刻对西方文化和建筑历史产生了异常特殊的兴趣，他觉得这些建筑理念对中国传统文化有很大的弥补，如果将来融入到中国建筑中，一定会为中国建筑界打开崭新的一页。他认为"好记性不如烂笔头"，人的记忆力是有一定局限性的，必须把某些珍贵的东西做笔记才行。于是每次到图书馆博览群书，或者去参观古代文物，他都会把那些有名的古建筑一个一个默画下来，然后一有时间就拿出来研究。

为了完成"中国宫室史"论文，梁思成不仅仅在书本中寻找资料，还离开哈佛大学到欧洲进行考察研究。有的学友认为他太钻牛角尖了，书本上已经有前人积累的现成资料，何苦为了一篇论文，费心费力费奖金去瞎折腾呢？但梁思成认为"实践是检验真理的唯一标准"，如果一切都照本宣科，那最后还是不能走出中国因循守旧的模式。他要通过实地探索，为中国的建筑业增添新鲜的有价值的元素。

带着这样的决心和热诚，梁思成在欧洲各国游览，参观了希腊、意大利、法兰西、西班牙等国的古建筑。感受着这些建筑的宏伟之余，更触动他的，是亲眼看到这些国家的古建筑遗产都受到妥善的保护，学者们进行专门研究，并写出了很多著作。这种对文化遗产的尊重和保护，让梁思成羡慕不已，同时开始反思中国的建筑业和思想意识。

中华上下五千年，有着悠久的历史和灿烂的文化，单单是祖先留下的丰富多彩的建筑遗产，就已经是一门博大精深的知识宝库了。可是，像父亲曾经悲壮的演讲那样——望中国大地，却满目疮痍，珍贵的龙门石窟、敦煌壁画被任意盗卖、抢劫；千年文物流落异邦，更有大批古建筑危立在风雨飘摇之中，可悲啊可叹！

古人尚有"鄙帚自珍"的意识，但是当时的中国人，却根本不知道珍爱自己的东西。相反的，只有少数外国学者对它们进行了一些考察，国内学者可能也想有参与研究的，最终因为种种原因，无能为力。譬如梁思成现在，作为一个中国人，想了解自己的国家，想学习自己祖先的文化精髓，却要跑到外国依靠外国人编著的书刊，这实在是一种民族的耻辱！

留学回国后，梁思成怀着激昂的爱国热忱，下决心要自己动手研究中国古典建筑遗产，要写出自己的建筑史。他跟夫人林徽因一起，先后对全国各地有价值的建筑遗迹进行实地调研和测绘，足迹遍及 15 个省 200 多个县，测量、摄制、分析、研究了 2000 处建筑与古文物。他喜欢投入到祖国真实的建筑中，轻轻抚摸着每一块砖、每一片瓦，仿佛在与古人对话，在与悠久的中国历史对话。他甚至在无数次累得筋疲力尽之后，依然挣扎着在崎岖不平的野外找寻着，他告诉自己，中国的建筑业需要这种探索，他必须坚持下去。就这样，在掌握大量第一手资料后，陆续写出了若干堪称经典的研究中国古建筑的论文，使中国古建筑这一瑰宝，终得拂去尘埃，重放异彩于世界文化之林。

后来，抗日战争开始，梁思成的成就引起日本"东亚共荣协会"注意，邀他出席会议。从小受到的爱国主义教育，让他坚决不与侵略者同流合污，立即带领全家躲到昆明，后又搬到四川省南溪县的李庄乡下。那段时间，是他们生活最贫困的时光，没有工资，夫人患了严重的肺病，而梁思成也得了脊椎软组织硬化症，行动极为不便，全家人陷入贫病交加的境地。美国很多学校和机构一直想邀请梁思成去那里教学，待遇可想而知很优越，不仅有工作还会替他们治病。

不过，所有的邀请和诱惑，都被梁思成果断地回绝了。他的根在中国，他的心在中国，所以他的生命就要在中国，他的爱好和事业就都要在中国，因此"国难当头，绝不离开祖国！"外国人很不理解，认为他不是疯子就是傻瓜，有好的前程不奔，为什么甘愿在极端困难的条件下苟活？

梁思成不在乎外国人是否理解，他克服生活的困难，率领营造学社的少数同仁，坚持在抗日战争后方继续古建筑的调查研究工作，对古建筑的

调查研究。梁思成坚持测量力求细致,分析要有根据,绘图要严密,所出成果要与世界水平比高低。30年代的华北,人民生活极端困苦,梁思成每次外出调查都要经受不少工作和生活上的困难,条件十分艰苦,但他对测绘工作始终一丝不苟,并且身体力行。他和助手们一起,对建筑物从整体到局部进行详细地绘图测量;对各种构件与装饰,从里到外,从正面到侧面都细致地加以摄影记录;对所有碑文、史料都一一抄录无误。正是凭着这一种民族自尊心和民族责任感,使当时营造学社的许多研究成果,测绘的许多图纸都达到了国际水平。

直到抗日战争胜利,第一部由中国人自己编写的《中国古代建筑史》终于在小山庄里完成了。1946年10月,美国耶鲁大学聘请梁思成赴美讲学。梁思成携带着《中国建筑史》和同时完成的《中国雕塑史》的原稿图片,将中华民族文化珍宝展示于国际学术界,博得世界同行极大的敬佩和赞扬。美国普林斯顿大学为此特赠授他名誉文学博士学位。

在梁思成的一生中,虽然以主要精力投入中国古建筑的研究和建筑教育事业,但始终不忘他从事这些工作的根本目的,是要在中国创造出新的建筑。梁思成先后著书5种,发表学术论文60多篇,共150多万字。

清华教学二十余载,梁思成为国家培养了大量优秀的建设人才。如今,他的雕像就静静地伫立在美丽的清华园,一批又一批的莘莘学子在他慈祥的目光中快乐地成长,似乎梁思成又回到清华园,回到自己的学生中间。

逐梦箴言

"你若有一个不屈的灵魂,脚下,便会有一片坚实的土地"。
作为一名学者,梁思成不仅自己胸襟坦荡,敢讲真话,敢于坚持真理,而且将做人与做学问并重的思想充分体现在教育实

践中。在变化无常的岁月里，他把自己的爱好融进热诚的爱国主义情怀。伟大的人物都走过了荒沙大漠，才登上光荣的高峰,梁思成永远是学生心目中的学问大家,人格典范！

知识链接

【中国建筑简史】

按梁思成《中国建筑史》的观点大致分为:上古时期;两汉;魏·晋·南北朝;隋·唐;五代·宋·辽·金;元·明·清六个时期。

也有按原始社会,奴隶社会(夏、商、周);封建社会前期(战国、秦汉、魏晋、南北朝);封建社会中期(隋唐、五代、宋、辽、金、西夏);封建社会后期(元、明、清)五个时期。

【梁思成奖】

是经国务院批准,以中国近代著名的建筑家和教育家梁思成先生命名的中国建筑设计国家奖。目的是为了激励中国建筑师的创新精神,繁荣建筑设计创作,提高中国建筑设计水平,表彰奖励在建筑设计创作中拥有重大成绩和贡献的杰出建筑师。被提名者, 必须是中华人民共和国一级注册建筑师和中国建筑学会会员, 在中国大陆从事建筑创作满 20 周年;此外,其作品还必须得到普遍认可并具有较好的社会、经济和环境效益,对同一时期的建筑设计发展起到一定引导和推动作用;同时, 在建筑理论上有所建树并有广泛影响, 有较高的专业造诣和高尚的道德修养, 一般还应在国内和国际获得过重要奖项。

【梁启超简介】

梁启超,中国近代史上著名的政治活动家、启蒙思想家、资产阶级宣传家、教育家、史学家和文学家。戊戌变法(百日维新)领袖之一。曾倡导文体改良的"诗界革命"和"小说界革命"。其著作合编为《饮冰室合集》。

■ 情感主义设计乌托邦理念

　　在19世纪后半期的英国,有一位博学多才的人物威廉·莫里斯,对许多英国人来说,他可能是人们唯一能够脱口而出的诗人、设计师、画家和室内装饰家。他被誉为现代室内设计之父,用独特的个性和传统的手段,实现恩格斯所说的"情感社会主义"。

　　文学是威廉·莫里斯第一个爱好,其中最重要的文学作品有《地上乐园》和《乌有乡消息》;在建筑设计方面,第一个完美作品"红屋",是他为自己和妻子亲自设计的结婚新房。"红屋"的建成引起设计界广泛的关注与称颂,使威廉·莫里斯对室内设计产生更强烈的兴趣。他由衷地感到社会上对于好的设计、为大众的设计的广泛需求,希望能够为大众提供设计服务,为社会提供真正的、美好的设计。

　　1834年,威廉·莫里斯诞生在英国埃塞克斯郡沃尔瑟姆斯托城,父亲是一个拥有不少地产的证券经纪人。优越的生活环境,让他从小就有机会接受良好的教育,并且对文艺产生深厚的兴趣,尤其酷爱中世纪的艺术和建筑,完全沉浸在英国浪漫主义诗人拜伦和雪莱的作品中,浪漫主义者那些不满现状、反抗压迫、以歌颂自由平等、强调个性解放为主题的诗篇,在他的思想感情上引起了强烈的共鸣。对于少年莫里斯来说,艺术的世界和幻想的世界,不但是逃避庸俗的资本主义社会的安乐乡,而且也是反抗它的根据地。

　　然而这种共鸣和反抗,在当时的建筑设计界简直是天方夜谭。大多数

人认为，浪漫主义只适合存在于童话中，现实是用钢筋水泥构架起来的冰冷产物，没有童话，只有真实！如果不遵循真实，设计出的作品也不过是昙花一现，登不了大雅之堂。这样的反对话语，也曾经让莫里斯迷茫过，很长一段时间里，找不到前行的方向。

由于对建筑的喜爱，17岁那年，母亲带他去参观过在伦敦海德公园举行的"水晶宫"国际工业博览会。很多浏览者对"水晶宫"赞不绝口，甚至是膜拜；包括莫里斯的母亲，也不断向他赞美水晶宫的装饰，还由衷地感叹，如果有一天能住在这样的房子里，就了无遗憾了。

但莫里斯强烈反对母亲的看法。并因此跟母亲发生了争执。他说这次博览会的意愿应该是好的，是为了全面地展示了欧洲和美国工业发展的成就，鼓励后人继承和发扬光大；可另一方面也暴露了一个严重的问题，那就是工业设计与主题相违背，从反面刺激了设计的改革。用一句朴素明了的话说——那就是整个博览会像个自相矛盾的笑话！

母亲还是不太明白，后来莫里斯继续给母亲解释说，博览会的建筑"水晶宫"，是20世纪现代建筑的先声，应该具有鲜明的时代性；而"水晶宫"展出的内容，却与其建筑形成了强烈的反差，反映出一种普遍的"为装饰而装饰"的热情。也就是说，展出的内容，完全是为了装饰性，缺乏实用性，漠视任何基本的设计原则，其滥用装饰的程度甚至超过了为市场生产的商品。

母亲终于听懂了，然后有些期待有些置疑地问：很多人可能都幻想有座"水晶宫"样的住宅，儿子，你能帮普通人实现这个愿望吗？既浪漫又实用，是不是太难做到了？你对设计只是爱好罢了，又要如何才能实现你的理想？

莫里斯望着"水晶宫"沉思，会不会有那种浪漫现实主义，让所有人都能在理想的住宅里生活？家是人们一个心灵的归属，要如何做，才能让人们在安全感的基础上，更充分地享受轻松和浪漫的气息呢？"水晶宫"让他找到了新的目标和方向，莫里斯觉得在室内装饰设计上，要有一个新的观点和理念，那么必须赶快行动起来，即使没有支持者，他也要全力以赴，投身于反抗粗制滥造的工业制品这一事业中来。

为了这个理想，莫里斯前往牛津大学求学，在那里他受到了拉斯金的设计思想影响。拉斯金是一位作家和批评家，通过极富雄辩和影响力的说教来宣传其思想，在反对工业化的同时，拉斯金对建筑和产品设计提出了若干准则，比如"师承自然、忠实于传统材料"等。这些思想仿佛一道灵光，照亮了莫里斯前进的方向，引导他正式走上了艺术与设计的道路。

在游历法国之后，莫里斯对哥特式建筑产生了深厚的兴趣，于是进入一家建筑师事务所学习建筑。他对于新的设计思想的第一次尝试，是对他的新婚住宅"红屋"的装修。他的新娘子苍白而又美丽，被他和朋友们视为美的化身，莫里斯想给她一个诗情画意而又实用的新房。不过，小商店里竟然无法买到一件令莫里斯满意的家具和生活用品，这样的结果让他很是震惊。他立刻想起了当年的"水晶宫"，想起了更多的普通民众，能住得起实用而美观的房子，多么不容易啊！

母亲再次出现了，她想出资为儿子购买高档的家具，完成儿子的心愿。但莫里斯拒绝了母亲的帮助，他希望用自己的智慧圆梦。于是，在几位志同道合的朋友的合作下，他亲自动手按自己的想法设计和制作了全部家庭用品，每一处几乎都达到了他的设计理念。这是他第一次把理论跟实践结合起来，更是把兴趣爱好变成真实的第一步。在整个设计过程中，莫里斯将自然图案、手工艺制作、中世纪道德与社会观念和视觉上的简洁融合在了一起。对于形式，或者说装饰与功能关系，依莫里斯看来，装饰应强调形式和功能，而不是去掩盖它们。

当"红屋"完美地出现在世人面前，莫里斯的新娘子幸福地笑了，莫里斯的母亲也欣慰地笑了！"红屋"不仅仅是采用功能需求为首要考虑，部分吸取英国中世纪，特别是哥特式风格细节来设计住宅建筑，从而摆脱了维多利亚时期繁琐的建筑特点，同时还在于莫里斯从统一的方案出发，设计了整个建筑的室内、家具等等。成了严谨，朴素，庄重的风格，对后来风靡欧洲的新艺术运动产生了一定的影响。1877年他创立了古建筑保护协会，他的古迹维护工作间接导致了国民信托的建立。

而且更可贵的是，莫里斯不仅繁简，还反复强调设计的两个原则："第

一,产品设计和建筑设计是为千千万万的人服务的,而不是为少数人的活动;第二,设计工作必须是集体的活动,而不是个体劳动。"这两个原则,都在后来的现代主义设计中,得到了发扬光大,因此说,莫里斯作为现代设计的伟大先驱,是当之无愧的!

逐梦箴言

志向和热爱,是伟大行为的双翼。本节故事里的莫里斯,虽然不算是严格意义上的建筑师,但少年时代的兴趣爱好和浪漫主义情愫,却助他成就了一生辉煌的事业。"立志是事业的大门,工作是登门入室的旅程",希望每个人都能找准属于自己的"大门",走出并且走好属于自己特色的人生"旅程"!

知识链接

【世界建筑简史】

史前建筑,古代建筑(古埃及建筑、古希腊建筑、古罗马建筑);中世纪建筑(拜占庭式建筑、罗曼建筑、伊斯兰建筑、罗马建筑、哥特式建筑);文艺复兴建筑(巴洛克风格、古典主义、洛可可式建筑);工业革命建筑(即现代主义建筑)。

【哥特式建筑】

又译作歌德式建筑,是位于罗马式建筑和文艺复兴建筑之间的,1140年左右产生于法国的欧洲建筑风格。它由罗马式建筑发展而来,为文艺复兴建筑所继承,在当代普遍被称作"法国式"。整体风格为高耸削瘦,以卓越的建筑技艺表现了神秘、哀婉、崇高的强烈情感,对后世其他艺术均有重大影响。哥特式大教堂等无价建筑艺术已列入联合国教科文组织的世界遗产,也成了一门关于主教座堂和教堂的研究学问。

我的未来不是梦

【室内设计】

现代室内设计是新兴的学科,根据建筑物的使用性质、所处环境和相应标准,运用物质技术手段和建筑设计原理,创造功能合理、舒适优美、满足人们物质和精神生活需要的室内环境。这一空间环境既具有使用价值,满足相应的功能要求,同时也反映了历史文脉、建筑风格、环境气氛等精神因素。明确地把"创造满足人们物质和精神生活需要的室内环境"作为室内设计的目的。

【莫里斯文学代表作——《乌有乡消息》】

一部长篇政治幻想小说,写于 19 世纪 90 年代。小说主人公是一个社会主义者,梦中发现自己已经生活在实现了共产主义的英国,惊奇地看到旧时代的生活痕迹已经彻底消失,人们的精神面貌也发生了根本的转变。"乌有乡"是"乌托邦"的另一种说法,本意为"没有的地方"或者"好地方",延伸为还有理想,不可能完成的好事情。其中文翻译也可以理解为"空想的国家"。空想社会主义的创始人是托马斯·莫尔(英国人)。

用航道缩短时空的距离

　　世界上有一条使用最频繁的航线,贯通苏伊士地峡,连接地中海与红海,是亚、非、欧三洲的咽喉要道——它就是 100 多年前,被马克思称为"东方伟大的航道"的苏伊士运河,是一条具有重要经济意义和战略意义的国际航运水道。

　　主持这项工程开凿的人,是法国的斐迪南·德·雷赛布。雷赛布生于马赛,少年时期在意大利生活的经历,让他爱上了辉煌的欧洲历史。每当看着前来观光游览的人们,大家肤色不同,语言不通,在各方面的交流都很受限制,让他觉得很遗憾。少年雷赛布的心中就常常幻想,能不能有更便捷的方式,让世界各地的人们离得更近? 把很多好的有利的东西互相分享,达到真正意义的互补与合作呢?

　　伙伴们取笑雷赛布的想法幼稚,地球是不会变小的,那么空间的距离就永远不会缩短。虽然此时的雷赛布自己也找不到方向和办法,但他认为,总会有办法改变,就像人们之前发明的各种交通工具,代替了行走,就在时间上缩短了空间的距离。众所周知,数学上有道真命题——"两点之间,线段最短",因此,他还是坚定地相信:只要人们愿意沟通,距离绝不是问题!

　　因为热切地渴望与世界各国交往,1825 年起,雷赛布在里斯本进入外交部门,此后到很多国家工作过。不同的环境和文化,让他对国际交往和国际沟通有了新的认识。尤其是 1833 年到开罗任职,期间担任过穆罕默德·阿里之子,也就是后来的埃及总督赛义德·马夏的家庭老师。这段外

交和家庭老师的经历，不仅深深影响了赛义德·马夏，也让雷赛布对开凿运河产生了浓厚的兴趣，开始渐渐萌发出很多想法。不过想法归想法，还不完善，因为开凿运河不是一个简单的工程，同时不涉及到国家与国家间的权益等等。那时候的他，只是个拥有开凿兴趣的外交官，他不知道这样的梦想，要到何年何月才能实现。

于是，在做赛义德·马夏的家庭老师期间，他总是有意无意地谈起开凿运河的设想，同时讲到开凿的重大意义。赛义德·马夏很钦佩自己这位家庭老师的宏伟构想，从此也开始关注这方面的资料，探讨工程的可行性。一项涉及亚、非、欧三大洲的工程，不是想做就能做的，师生二人都非常清楚。因此在那个时期，开凿苏伊士运河只是两个人共同萌生的一个梦想，至于什么时候付诸行动，能否有付诸行动的机会，雷赛布心里根本没有底儿。

1837 年，雷赛布回法国完婚，后来又因为种种原因，辞去了外交官职务。但他对于运河的兴趣，却从未放弃过。他利用业余时间，去图书馆查阅大量资料，还亲自到苏伊士地峡一带去考察，记录准确的数据，又写出相关的可行性报告和建议。他总是觉得，或迟或早，这项有利于世界发展的工程，一定会开工的。无论将来能否参与开凿和建设，到时候都要把积累的资料拿出来，为工程奉献棉薄之力。

由于雷赛布把精力投入到开凿运河的设想中来，自然忽略了家庭和妻子，两个人之间也发生了很多分歧。妻子希望他能重新找份正式的工作，希望过一种正常人的生活，而不是每天琢磨那些不切实际的资料。妻子认为，有兴趣爱好无可厚非，但人总是活在现实中的，连埃及领导人都无法做到的事，他一个普通得不能再普通的失业人员，有什么资格去梦想？

不被理解的话语让雷赛布很伤心，最后，终因兴趣爱好不统一，两个人的婚姻宣告结束。这样的感情伤害，让雷赛布一度心灰意冷，但却没有阻止他开凿苏伊士运河的想法，相反的，他把感情压在心底，更全身心地投入到调研中去，热切地期待着有生之年，能看到工程建设的那一天。

1854 年，雷赛布迎来了生命中最兴奋的时刻，他接到了已是埃及总督

的赛义德·马夏的邀请,去主持苏伊士运河开凿的工程。可以想像,当时雷赛布是带着怎样激动的心情,再次踏上埃及的土地?可以想像,当他把自己的设计方案和构想以完整的文件形式递交上级的时候,对他曾经的学生赛义德·马夏,又是多么的感激?兴趣和爱好需要坚持,而实现它们,却需要有一个强大的集体和组织做后盾,尤其像苏伊士运河这样的敏感工程。

果然,事情后来并没有那么顺利,英国出于自己利益的考虑,设法对此工程加以阻挠。雷赛布很着急,找到他的表妹欧仁妮皇后,将事情的经过和利害关系做了详细解说,希望表妹能促成这件事。后来,拿破仑三世被欧仁妮皇后说服,出面支持,才让工程逐渐进入正轨。从1858年起,苏伊士运河经历了十年的开凿历程,于1869年11月17日通航,这一天也被定为运河的通航纪念日。

如今,人们看到的是一条世界上最繁忙的航道,很少再有人问津开凿者曾经付出的努力和艰辛了。尽管后来由于种种原因,雷赛布在另一项工程巴拿马运河上饮恨而终,但我们有理由相信,苏伊士运河会铭记雷赛布的功绩,继续发挥埃及"生命线"和"摇钱树"的功能,为人类造福。

逐梦箴言

"雄心志四海,万里望风尘。"本节故事里的主人公雷赛布,把所有人认为不可能的事情变成了现实。有人说,幸福的秘诀就是让你的兴趣尽量扩大,让你对人对物的反应尽量倾于友善。雷赛布作为一个外交官设计师,正是这样做的,他经过多年不懈地努力,开辟了一条沟通心灵的航道,让时间和空间不再是障碍——世界各地如比邻!

我的未来不是梦

【世界上第一条人工大运河】

京杭大运河,是世界上里程最长、工程最大、最古老的运河之一,是苏伊士运河的 16 倍,巴拿马运河的 33 倍。纵贯南北,是中国重要的一条南北水上干线,背负了南北大量物资的运输交换,也有助于中国的政治、经济和文化的发展,与长城并称为中国古代的两项伟大工程。大运河北起北京(涿郡),南到杭州(余杭),途经北京、天津两市及河北、山东、江苏、浙江四省,贯通海河、黄河、淮河、长江、钱塘江五大水系,全长约 1794 公里,开凿到现在已有 2500 多年的历史。其部分河段依旧具有通航功能。

【马拿马运河】

巴拿马运河位于中美洲的巴拿马,横穿巴拿马地峡,连接太平洋和大西洋,是重要的航运要道,被誉为世界七大工程奇迹之一和"世界桥梁"。其长度,从一侧的海岸线到另一侧海岸线约为 65 千米 (40 哩)。巴拿马运河的开凿过程是一段不平凡的历史,多少年来,帝国主义一直试图控制拉美国家,包括这些国家的主权领土、能源、交通等。巴拿马运河就是最好见证。

● 智慧心语 ●

知之者不如好之者，好之者不如乐之者。

——孔子

拆掉一座城楼，像挖去我的一块肉。

——梁思成

任何一件事情，只要心甘情愿，总是能够变得简单。

——林徽因

古往今来人们开始探索，都应该源于对自然万物的惊异。

——亚里士多德

少年智则国智，少年富则国富。少年强则国强。

——梁启超《少年中国说》

志之所趋，无远勿届，穷山复海不能限也；志之所向，无坚不摧，锐兵固甲不能御也。

——清·金缨

我的未来不是梦

建筑是一次诗意旅行

The Leaning Tower of Pisa

The Leaning Tower of Pisa (Italian: Torre pendente di Pisa)
or simply The Tower of Pisa (La Torre di Pisa) is the campanile,
or freestanding bell tower, of the cathedral of the Italian city
of Pisa. It is situated behind the Cathedral and it is the third
structure in Pisa's Campo dei Miracoli (field of Miracles).

比萨斜塔

第三章

扎实基础是成功的保证

◎导读◎

　　基础是事物发展的根本和起点。像登山，要一步一步登上来；如划船，要一橹一橹摇出去。参天大树需要要靠强大的根来滋养，高大的建筑需要有坚固稳定的地基，而人生，更需要打好扎实的基本功，将来才能有所建树！

■ 野草自有吹又生的道理

气势宏伟的人民大会堂,庄严壮丽,与它对面的革命历史博物馆及其左侧的天安门和右侧的正阳门,在布局规划上四面各据一方,构成一个举世闻名的雄伟、肃穆、开阔、明朗的天安门广场,广场中央偏南矗立着雄伟的人民英雄纪念碑。

这一组建筑群在不到一年期间神话般地落成,令全世界为之震惊,信服、敬佩和赞美;但也有少数人怀着敌意、偏见和轻视,据说苏联领导人赫鲁晓夫就是代表人物,如果不是目睹,绝不相信中国人十个月就建好人民大会堂。

1959 年国庆 10 周年,世界为中国竖起了姆指,也同时记住了一个人的名字——赵冬日!

赵冬日身上有很多头衔:全国设计大师、教授级高级建筑师、北京市建筑设计研究院顾问总建筑师、中国共产党党员、第一届梁思成奖获得者、我国城市规划领域的杰出专家。但赵冬日给自己的评价却只有一个:自己是一个地地道道的东北汉子,脚踏实地走好每一步,认认真真做好应该做的事情!

1914 年,赵冬日生于辽宁省,继承了东北人淳朴敦厚的品格,也继承了东北人意识中把"房子"当成"家"的传统观念。小时候,他亲眼看到因为战乱,很多人居无定所,看到他们渴望"有个家"的眼神和期待,哪怕只是一个小小的窝儿,也会让人有扎根的安全感。

童年的赵冬日,时常一个人跑到树林里,望着那些参天大树发呆——如果自己有开天辟地的神功,一定把这些木材运回去,帮父老乡亲们建筑温暖的房子。

赵冬日还经常一个人徘徊在木工厂旁边,想看看工人师傅是怎样工作的;如果得知哪里有盖新房子的,他便会成为最忠实的观赏者:他的小脑袋最开始琢磨的,是一个关于地基的问题。有一次实在忍不住了,他便壮着胆子,小心翼翼地问一位工人师傅:"为什么要把好好的土地,挖成深深的沟呢?这不是……搞破坏吗?"

那位工人师傅,是一位和蔼可亲的长者,不但没有骂赵冬日捣乱,反而给他讲了很多建筑的理论。可是小小的赵冬日听得更糊涂了,那些专业术语,实在不是他这个年龄能听懂的。

看到赵冬日懵懵懂懂的样子,老师傅想了想,语重心长地启发道:"去那边找一棵野草,把它连根拔出来,你就会明白,为什么它会春风吹又生了!"

野草跟盖房子有什么关系呢?赵冬日皱着小眉头,以为老师傅在哄骗他,便闷闷不乐去拔出草,想看个究竟。第一棵草有些枯黄,很容易就被拔了出来,根须不多,几乎没带什么泥土。赵冬日接着又拔第二棵,这次感觉到有一股不小的阻力,要加大些力度才能拔起,草根很长,根须也很浓密,重量也比第一棵重,因为上面粘着许多潮湿的泥土。

"孩子,你明白了吗?"老师傅来到赵冬日身边,期待地问。

"这棵根须长得多的,不容易拔掉。"赵冬日天真地回答。

"是。只有把根扎得深而牢固,多多吸收水分和养分,才能长得结实。你再看看那棵枯萎的小草,根须已经折断了,生命也就没了,春风再怎么吹,它也不会绿的。"老师傅用最简朴的话语,给赵冬日解释着生命力的真正含义。

"那是不是这样,大树因为根扎得最深,根须最多,所以长得最高啊?大风都吹不倒它?"赵冬日突然间明白了,怪不得大树长得又高又大。小草,其实挺可怜的,怎么没长一个跟大树一样的根呢?

"对,盖房子也是这个道理。如果不打好地基就修建,很快就会倒塌的。"老师傅欣慰地望着赵冬日,希望自己的人生经验,能正确指引这个可爱的孩子。

或许正是当年那段关于大树和小草的讨论,让赵冬日懂得了基础的重要性,也让他对土木工程产生更深厚的兴趣。上学后,他勤奋刻苦,门门功课都名列前茅,因为他不希望做那棵无根的小草,而是想长成参天大树。

16岁那年,赵冬日从东北老家到北平读高中,让他的思想意识又提升了一个新的高度。很多同学的目标是做科学家,做文学家,但他的理想依然没变,他想学习土木工程,想为人民大众建造房子。于是20岁时,他选择东渡日本,开始长达7年的大学阶段。

不过,前3年的预科班毕业后,他改变了想法,决定直接主修建筑专业。这样的选择,应该是随着年龄的增长和知识的不断丰富,让赵冬日成熟起来,更重要一点,是马列主义思想极大地影响了他,留学期间他一直在党组织领导下,一边学习一边从事革命工作。在忧国忧民的爱国主义情怀里,他清醒地认识到:建筑业应该比土木工程更适应未来的中国,因此不仅仅要把目标定在为人民大众盖房子上,还要为祖国建造出更宏伟的建筑,让世界刮目相看!

1941年,赵冬日从日本毕业后回到北平,继续进行地下工作,在日本华北铁路一家事务所从事建筑设计,之后去北平大学工学院任教,直到日本投降。那几年时光,应该是人生事业的黄金时段,但因为从事革命工作要付出更多时间和精力,他不能全身心投入到建筑创作中来。不过,新中国成立,给建筑业提供了崭新的空间——他被调入到北京规划局做主任,主管北京市城市总体规划工作,让他有机会较大尺度、从宏观上去考察首都城市规划发展的战略。

而1958年10月14日,一个普通又非凡的日子,对赵冬日是终生难忘的。这天下午,他受命来到了中南海西花厅,等候刚刚从外地返京的周总理的接见。周总理不顾劳累,听取有关人民大会堂方案设计的汇报,他把送审的三份方案做了反复比,反复看,并一再征求在场人员的意见,最后决

我的未来不是梦

定采用由赵冬日和沈其所主持的设计方案。

那一刻，赵冬日激动的心情无以言表，泪水在眼中闪动！多少个日日夜夜，多少劳累及思索，多少付出和努力，终于有了结果！

眼前又浮现出童年时那两棵小草，春风吹来了，有牢固根须的那棵草，应该重新焕发生机了！他期待那株小草最后长成最坚强的大树，立在岁月的风口浪尖，永远苍劲有力地昭示着顽强的生命力！他决心一定配合工作组其他人员，把人民大会堂和天安门广场建造成惊世之作！

对天安门广场的规划设计，赵冬日是这样构思的：天安门广场是首都的中心，位于城市纵横轴线的交叉点上，周围是高大、庄重的建筑，其间是辽阔平坦的场地，上面是一望无际的蓝天，这一切构成了广场雄伟的气魄。广场采取了对称的布局，天安门和正阳门位置在中轴线上，纪念碑正立面在广场的中央，树木、灯柱的布局也是对称的。这些都使广场显得既严整、朴素，又具有活泼的气质。

广场新建筑的色彩以亮色为主，黄绿相间的琉璃檐头，淡橘黄色的墙面和微红色的花岗石台基，其本身具有愉快、明朗的色调；和旧有的黄瓦、红墙、白玉石栏杆的天安门取得既调和而又对比的效果。

广场周围栽种了多种树木，油松四季长青、苍劲挺拔，冬季白雪青松，另有一番景色；柳柔和潇洒，春季早绿，为广场早报春讯；元宝枫整齐丰满，叶色入秋变红，给广场平添新装。它们彼此互相衬托，色调万千。广场四周和纪念碑南面栽植大面积的草坪、花坛，这也为广场增加了生动活泼的色彩。

在 1997 年 4 月的中日设计师北京交流会上，日本著名建筑大师矶崎新由衷地赞叹："天安门广场真伟大，在高楼林立的日本，尚找不到如此气魄的国家广场。"著名历史地理学家侯仁之先生则给了天安门广场更高的评价，他认为，天安门广场的改扩建工程，可以视为继紫禁城建成后，北京城市规划史上的第二座里程碑。

几十年来，赵冬日坚信"处处留心皆学问"，他没有辜负时代和地域赋予的使命，以特有的大家风范为中国建筑及首都建设，留下了一系列颇为

壮观的精神财富。

逐梦箴言

"褴褛衣内可藏志"，这句话在赵冬日身上得到充分体现。动荡、贫困和战乱，并没有让年少的他甘于平凡，雄心壮志就像茫茫黑夜里的北斗星，指引他勇敢前行。"让自己的内心藏着一条巨龙，既是一种苦刑，也是一种乐趣。"赵冬日以扎实的基础、睿智的思维、创新的求索，让中国这条巨龙骄傲地盘旋在世界东方！

知识链接

【天安门广场】

天安门广场是北京的心脏地带，是世界上最大的城市中心广场。它占地面积44公顷，东西宽500米，南北长880米，地面全部由经过特殊工艺技术处理的浅色花岗岩条石铺成。每天清晨的升国旗和每天日落时分的降国旗是最庄严的仪式，看着朝霞辉映中鲜艳的五星红旗，心中升腾的是激昂与感动。同时天安门广场是无数重大政治、历史事件的发生地，是中国从衰落到崛起的历史见证。天安门广场于1986年被评为"北京十六景"之一，景观名"天安丽日"。

【人民大会堂】

位于北京市中心天安门广场西侧，西长安街南侧，是中国全国人民代表大会开会的地方，是全国人民代表大会和全国人大常委会的办公场所。是党、国家和各人民团体举行政治活动的重要场所，也是中国国家领导人和人民群众举行政治、外交、文化活动的场所。人民大会堂坐西朝东，南北长336米，东西

我的未来不是梦

建筑是一次诗意旅行

知识链接

宽 206 米, 高 46.5 米, 占地面积 15 万平方米, 建筑面积 17.18 万平方米。比故宫的全部建筑面积还要大。人民大会堂每年举行全国人民代表大会、中国人民政治协商会议, 以及五年一届的中国共产党全国代表大会。

【故宫】

故宫位于北京市中心, 旧称紫禁城。于明代永乐十八年 (1420 年)建成, 是明、清两代的皇宫, 无与伦比的古代建筑杰作, 世界现存最大、最完整的木质结构的古建筑群。故宫全部建筑由"前朝"与"内廷"两部分组成, 四周有城墙围绕。四面由筒子河环抱。城四角有角楼。四面各有一门, 正南是午门, 为故宫的正门。2011 年国庆期间, 故宫 8 万人限流措施一度"失守", 对此, 故宫有关负责人表示, 今后故宫将考虑推行分时段限流, 日限 8 万人不变。

把根基扎到海洋深处

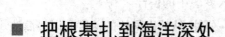

在遥远的中东国家阿联酋，有一座世界闻名的阿拉伯塔酒店，又名迪拜酒店或帆船酒店。它的中庭高达 180 米，是世界上最高的七星级酒店。这座由汤姆·赖特等建筑师设计的梦幻高楼，代表一个独桅帆船的外形，建立在海滨的一个人工岛上，仿佛和天空融为一体，如今已经成为迪拜的地标。

汤姆·赖特是英国建筑师学会会员，1957 年生于伦敦克罗伊登郊区，后就读于罗素皇家学校和金斯敦理工学校建筑系。被选为帆船酒店的主要设计者，并不是因为汤姆·赖特之前有多大的名气，他甚至没有相关的高层建筑经验，也没有设计过超过 15 层的建筑。当时他打动迪拜王储的，完全是凭借扎实的建筑基础和对设计的全新理念。

在当时紧张又残酷的答辩上，一个又一个建筑集团被淘汰掉，一个又一个建筑方案被扔进废纸篓里，而且其中很多建筑师都是在世界颇负盛名的。赖特的同事们感到强烈的压迫感，几乎决定想要放弃了；但赖特认为，不到最后关头，绝不能轻言放弃——他必须把自己的设计观点完整地展示出来，让迪拜王储相信一个真理：建筑要成为地标，必须依赖简单而独特的形状，判断一个地标，只需要用几笔就能描述出它的位置。

最初，王储对赖特的事务所完全不在意，因为他们当时的"平均年龄是 32 岁，没有一个白头发"，建筑业绩中也没有具有说服力的高层建筑，那么凭什么来竞争如此庞大的工程？王储对这样的团队理所当然没有信心。因

为他梦想的,是给迪拜一个悉尼歌剧院或者埃菲尔铁塔式的标志性建筑;而不是几个名不见经传的年轻人的幻想。

汤姆·赖特面临着被淘汰的严酷局面,如果失去这次机会,他和他的团队不知道还要等到什么时候,才能有施展才能的舞台。他们需要这样的绝佳的时机,因此,即使被彻底否定,也要争取让王储看一眼他们的设计蓝图,那是他们的心血,也应该是很多人梦想中的模样。

汤姆·赖特请求王储给他最后一分钟,然后以最快的速度和以最简洁明快的手法,勾勒出一片海洋、一个岛屿和一个扬起的帆。同时,他给自己的蓝图做了最完美的诠释——这将是一个梦幻般的建筑,将浓烈的伊斯兰风格和极尽奢华的装饰与高科技手段、建材完美结合,成为世界上第一家七星级酒店。

迪拜王储的眼前一亮!因为那扬起的帆,正符合他对悉尼歌剧院的喜爱之情,而那高耸入云端的塔状"体型",仿佛比埃菲尔铁塔还让人震撼!如果这样的组合能变成真正的实体建筑,必将是世界上独一无二的好去处,必将成为"阿拉伯之星"!

然而,另一个严峻的现实又摆在面前,一个水上的高大建筑,要如何经得起海水的浸泡,如何长久的挺立不倒呢?王储想起了比萨斜塔,那就是一个典型的因为地基问题而产生的败笔,虽然最后比萨斜塔因祸得福,成为世界奇迹性建筑之一,但这种建立在风险中的美丽,并不是迪拜王储想要的。

汤姆·赖特看出王储眼中的惊喜和置疑,继续解释说:那个岛屿其实是一座人造岛,也是整个建筑的根基。他已经周密地计算过,建筑本身大概要使用 9000 吨左右的钢铁,并把 250 根基建桩柱,打在 40 米深海下。整个设计理念,完全都是建立在这个强大可靠的根基之上的……

哦?根基?

王储不由得对这个设计方案重视起来,他们不缺钱,9000 吨钢铁和 250 根基建桩柱都不成问题。他强烈地期待着,那个"扬帆启航的埃菲尔铁塔"矗立在自己的国家,会是多么骄傲的事情!

就这样，汤姆·赖特以他的"地基"之说和完美的理念，最终打动了王储，得到设计权。接下来，他用了两年半时间在阿拉伯海填出人造岛；又用了两年半时间，联合众多建筑师的智慧，加上迪拜人巨大的钱口袋，兴建了美轮美奂的帆船酒店。

酒店一共有56层、315.9米高，比法国埃菲尔铁塔还高上一截。1999年12月，这座世界最高的七星级酒店开业了！酒店房价虽然不菲，客源却依然踊跃。"不怕价高，只怕货差"，这句商界名言在迪拜再次得到印证。

帆船酒店不仅外观奇特，内部装修设计也别具一格。已故时装设计师范思哲先生是见过大世面的人，他居然也被伯瓷的奢华给震住了，安睡一夜之后，极为受用，逢人便赞叹不已。

"纸醉金迷"四个字，往往是影射精神堕落的字眼儿，而帆船酒店所有的"黄金屋"却令人喜爱而不沉迷，任何细节都处理得绅士般矜持、淑女般优雅，没有携带一丝一毫的俗气。每一处都是俗中求雅，且俗且雅，汤姆·赖特用他的重要设计理念，把9000吨钢材牢牢地熔铸在一起，让美轮美奂的巨型"船帆"终于驶入了波斯湾的波涛里！

逐梦箴言

"有志不在年高，无志空活百岁"，汤姆·赖特的团队以年轻的姿态，为世界建筑业添上浓墨重彩的一笔，为迪拜创造了完美而又现实的神话。汤姆·赖特和帆船酒店的成功经验，给我们一个深刻的启示：人的一生，好比一个建筑物，只有打好最扎实有力的基础，才能冲上云霄，成就非凡和伟大！

我的未来不是梦

知识链接

【关于迪拜】

迪拜是阿拉伯联合酋长国的第二大城市。阿拉伯联合酋长国由七大"酋长国"组成,迪拜就是其中最重要的一个。它紧扼霍尔木兹海峡的"黄金水道",沙漠腹地滚滚的石油滋养着这座奢华之城。20世纪中叶,这座海滨小城还相当朴素。大约三四十年之后,它奇迹般地脱胎换骨,霍尔河畔的摩天大楼,争先恐后拔地而起。几经辗转,整整五年,像荷兰人那样围海造岛,把250根粗大的桩柱,深深地打在海底40米水下。

【哈利法塔】

哈利法塔原名迪拜塔,又称迪拜大厦或比斯迪拜塔,由美国芝加哥公司的美国建筑师阿德里安·史密斯设计,位于阿拉伯联合酋长国迪拜境内。有162层,总高828米,比台北101足足高出320米。迪拜塔由韩国三星公司负责营造,2004年9月21日开始动工,2010年1月4日竣工启用,是人类历史上首个高度超过800米的建筑物。哈利法塔已经入选吉尼斯世界纪录世界最高建筑物。

【世界一些倾斜的建筑】

1.意大利比萨斜塔:建于1173年,原设计为垂直建造,由于地基不均匀和土层松软而向东南倾斜。比萨斜塔是比萨城的标志,1987年被联合国教育科学文化组织评选为世界遗产。

2.德国肯凯里斜塔:原是设计师的灵感驱使,在旧建筑上续建成高楼后严重倾斜,其斜度超过了比萨斜塔。

3.俄罗斯休尤培基塔:位于伏尔加河河畔,建于16世纪,由于长年累月风剥雨蚀,石塔摇摇欲坠,倾斜1.87米。

4.伊拉克摩苏尔城古斜塔:创建于1172年,塔高52米,是摩苏尔城的象征。

5.英国议会大厦方塔:高99米,已超过中心垂线23厘米,人称"伦敦斜塔"。

6.苏州虎丘塔:建于五代周显德六年(公元959年),比比

萨斜塔早建两个世纪,是苏州现存最古老的一座塔,为全国文物重点保护单位。塔高47米,八角七层,目前塔身上下偏移2.82米,外国建筑学称之为"中国比萨斜塔"。

7.广西归龙塔:在崇左县左江江心岛上,称"左江斜塔"。建于明代天启元年(公元1621年),为五层六角、高25米的砖塔,塔身倾斜1米左右。

8.上海松江县护珠塔:相传塔里藏有舍利珠,夜间闪耀光芒,故称"护珠宝光塔"。此塔建于北宋元丰三年(公元1080年),塔七层八角,砖木结构,高18.8米,目前这塔向东偏离2.27米,倾斜6.52度,超过5.3度的比萨斜塔。

■ 生活是一部日积月累的书籍

吉奥·庞蒂是一位非常高产的设计理论家，1891年出生在意大利，是两次世界大战之间现代设计运动的中坚人物之一。他憎恨繁琐，倡导"艺术的生产"，使"实用加美观"成为意大利设计的主导原则。他的设计内容包罗万象，既包括公共建筑、室内装潢，也包括家具、陶瓷、灯具、金属及玻璃制品等。

意大利有一本设计影响最大的杂志《多姆斯》，就是由吉奥·庞蒂在1928年创办。这本杂志成为意大利介绍国外优秀设计，以及向外国同行介绍意大利设计的重要窗口，是意大利设计最重要的论坛。如今，《多姆斯》的中文版已经由中国建筑工业出版社发行，成为中国了解意大利设计的窗口，也让更多人认识了伟大的现代主义设计大师吉奥·庞蒂。

童年时代的庞蒂对美术很有天份，比同龄的孩子相对安静，很少疯狂地出去玩耍，更多的时候一个人待在家里，研究卧室里的小台灯。那盏台灯，可以算作是他的第一个"模特"，不知道被他在纸上画过多少遍。他小小的脑袋有自己的独特见解，认为父母为他选择的台灯，虽然很实用，但不太美观，因此想改良一下。

有一天，父亲发现了庞蒂设计的那些"图纸"，才知道儿子的奇思妙想。父亲哈哈大笑说，台灯是厂家做好的成品，不能再改良了，除非你自己将来当设计师，让厂家生产你设计的东西，造福全人类。

父亲一句戏言，在庞蒂心里种下了一棵种子——设计师？对啊，自己

将来一定要做设计师,把自己的想法变成现实!

"我一定努力学习,将来成为大设计师,不仅设计美观实用的台灯,还要设计漂亮大气的吊灯,还有别具一格的落地灯!"小庞蒂感觉自己有些激情澎湃的,仿佛看到自己亲手设计的各种灯具一起亮了起来,照亮世界上每个需要安慰的心灵。主啊,那将是一件多么神圣而伟大的事情啊!

"傻孩子,设计师不是说当就能当的,需要善于观察的眼睛,聪慧敏捷的心灵,要有创意的意识,明白吗?"尽管儿子的理想看起来太遥不可及,但做父亲的还是很欣慰,鼓励他说,"还有最重要的一点,你知道是什么吗?"

小庞蒂神色凝重地望着父亲,歪着头思考了好一会儿,最后摇摇头。他觉得,父亲提到的那几点都很重要了,实在想不出还有什么比这些更重要的啦?

"孩子,一定要记住两个字,无论长大后从事什么工作,第一步都要从'基础'开始。就像你现在,想改良这盏台灯,却不知道如何下手吧?这个道理很简单,因为你没有这方面的基础知识,不知道灯具的原理,所以最后只能变成一堆废纸。"父亲把最朴素的道理讲给自己的儿子,希望给幼小的儿子以人生的启迪。

"像这盏台灯,虽然不是那么美观,但却能平平稳稳地坐在书桌上,帮助你学习。它为什么不倒呢? 恰恰正是你认为最笨重的这个底座,支撑着它。再看看你设计的蓝图,小小的卡通底座再配上那么多繁琐的装饰,放在纸上很好看。不过,如果摆在桌子上,会怎么样呢?"父亲见儿子不说话,又指着小庞蒂画的那堆图纸,含笑说道。

小庞蒂似懂非懂,望望那笨重又占空间的底座,有些不服气。他自己设计的台灯图纸,是打算把底座裁剪去大部分,然后做成可爱的卡通形状,多好看啊! 再说了,上面的灯应该也没有多重,即使配上那些漂亮的装饰,也完全没问题的。

父亲了解儿子的小犟脾气,知道不用实践证明,他肯定不甘心。干脆一不做二不休,找来工具箱说,"现在开始改良吧。"

就这样，那盏台灯成了小庞蒂第一个实验品，他兴奋地按照自己的设计进行再加工。最后的结果可想而知，可爱的卡通底座根本无法承受繁重的装饰物，摇摇晃晃摔倒了！小庞蒂不服输，可是再扶起来，台灯再次倒下，如此反复几次都是同样的结果。

人生中第一次"残酷"的失败，让小庞蒂无比沮丧，终于相信父亲的话是真理，同时对"基础"两个字有了刻骨铭心的认识。不过他产生新的疑问，不解地问父亲，"您也不是专业的设计师，为什么明白这个道理呢？"

父亲笑呵呵地抚摸儿子的头，语重心长地说："孩子，人生其实就是一个简简单单的过程，是一部日积月累的书籍，只要细心观察和用心实践，每个人都能成为优秀的作者。"

小庞蒂记住了父亲的话，也记住了这次实验，虽然当时并不能完全理解，但在后来的学习生活中，他真正理解了父亲的深意。基础是一切的根本，否则再华丽的装饰也没有价值；他要把实用和美观做到最充分的融合，完成父亲说的那本"日积月累的书籍"！

在这种关于基础和简洁理念的指引下，庞蒂接受了正规系统的建筑设计教育，1928年起先后创办了《多姆斯》和《风格》两种设计刊物，大力宣传现代设计思想。

而且在1931年，他终于完成童年时代关于灯具的梦想，成功设计出0024落地灯。这个0024灯由金属和水晶玻璃制作，圆形的金属灯座和圆柱形的金属灯臂，体现了现代设计的简洁，但上部灯管上环套的几层水晶玻璃圆板，从大到小，既形成了透明的照明效果，又避免了这种简洁风格的单调性，成为他第一个代表性作品。

庞蒂声明："我们对好生活的理想，和我们住房及生活方式所表达的品位和思想上的程次，都是同一种东西。"这一声明，反映了1946年到1950年，意大利设计意识形态发生了变化，反映了当时政治气候的变化，这些变化也对后来的设计产生了深刻的影响。他的晚期设计作品包括：为卡西那公司设计的超轻型椅子、为帕瓦尼公司设计的咖啡机、为阿雷多卢西公司设计的公园灯和为理想标准公司设计的卫生洁具。庞蒂在战后最重要的建筑作品,是与著名工程师纳尔维共同设计的皮瑞利大厦,该作品被公认为是具有国际水准的杰作。

吉奥·庞蒂还曾经组织发起意大利蒙扎设计双年展和米兰设计三年展,他的设计思想影响了与他同时代的和年轻一代的设计师们,也极大地推动了意大利现代设计风格的形象。相信吧——生活是一部日积月累的书籍,只要细心观察和用心实践,每个人都可以成为优秀的作者!

逐梦箴言

　　生活,只有在平淡无味的人看来,才是既空虚又乏味的。我们本节故事的主人公吉奥·庞蒂,小小年纪就对世界充满了好奇和感情,从而树立了做灯具的理想。后来经过一步一步地努力,他积累了扎实的功底,终于成为一代有影响力的设计师。"路是脚踏出来的,历史是人写出来的。人的每一步行动都在书写自己的历史。"庞蒂无疑已经成为合格又出色的"作者"啦!

知识链接

【公共建筑】

　　公共建筑包含办公建筑(如写字楼、政府部门办公室等),商业建筑(如商场、金融建筑等),旅游建筑(如酒店、娱乐场所等),科教文卫建筑(如文化、教育、科研、医疗、卫生、体育建筑等),工业建筑(工业厂房、仓库等),通信建筑(如邮电、通讯、广播用房)以及交通运输类建筑(如机场、高速公路、铁路、桥梁等)。公共建筑和居住建筑都属民用建筑。民用建筑和工业建筑合称建筑。

我的未来不是梦

【室内装潢设计】

室内装潢设计是建筑设计的延续、完善和再创造。对原建筑设计进行进一步的细化和完善,对于原建筑设计中存在的各种有缺陷的空间,室内装潢设计必须进行优化改造设计;如果原建筑设计提供的空间与使用者需要的功能不符合,此时室内装潢设计必须根据实际的要求,重新进行功能设计和空间改造。

【现代主义设计】

现代主义设计是从建筑设计发展起来的,20世纪20年代前后,欧洲一批先进的设计家、建筑家形成一个强力集团,推动所谓的新建筑运动,这场运动的内容非常庞杂,其中包括精神上的、思想上的改革——设计的民主主义倾向和社会主义倾向;也包括技术上的进步,特别是新的材料——钢筋混凝土、平板玻璃、钢材的运用;新的形式观念——反对任何装饰的简单几何形状,以及功能主义倾向,从而把千年以来的设计为权贵服务的立场和原则打破了,也把几千年以来建筑完全依附于木材、石料、砖瓦的传统打破了。

智慧心语

博观而约取,厚积而薄发。

——苏轼

人生的价值,并不是用时间,而是用深度去衡量的。

——列夫·托尔斯泰

人生可能燃烧也可能腐朽,我不能腐朽,我愿意燃烧起来!

——奥斯特洛夫斯基

一个人的价值,应该看他贡献什么,而不应当看他取得什么。

——爱因斯坦

人不是生来就拥有一切,而是从学习中所得到的一切来造就自己。

——歌德

三更灯火五更鸡,正是男儿读书时。黑发不知勤学早,白首方悔读书迟。

——颜真卿

我的未来不是梦

建筑是一次诗意旅行

建筑师

第四章

大自然是伟大的参考书

◎导读◎

　　大自然是托起梦想的原动力！落日余晖，晨起鸟鸣，山川耸立，溪水涓涓，皆是一幅幅流动的水墨画。无心之人，采撷的只是风景；有心之人，感恩于天地万物的灵气，用勤奋和梦想，雕琢出鬼斧神工般的传奇！亲近大自然吧，像爱护我们自己那样爱护它！

■ 一条曲线实现超然的理念

安东尼奥·高迪是西班牙灵魂建筑师,是塑性流派的代表,新艺术运动代表人物之一,被称为巴塞罗那建筑史上最前卫、最疯狂的建筑艺术家。1852 年,他出生于离巴塞罗那不远的加泰罗尼亚小城雷乌斯,父亲是一名锅炉工,母亲在家操持家务,敦厚善良,是虔诚的教徒,一家人过着简朴,平静甚至有些寂寞的生活。

高迪一生创作的作品很多,有古埃尔公园、巴特罗公寓、圣家族教堂等,其中有 17 项被西班牙列为国家级文物,3 项被联合国科教文卫组织列为世界文化遗产。高迪认为上帝创造曲线,他的作品最能唤醒存在于人类心中的直觉潜能,在结合传统与当代的各种建筑风格的同时,还保有原创力,建筑风格别树一帜,独一无二。

有人赞美他是"天才与魔鬼的完美结合",有人说他是"与大自然为伍的建筑师",有人说他是"建筑师中的童话家",有人说他"创造了疯子的魔幻世界",有人称他为"巴塞罗那建筑之父",也有人赋予他"建筑史上的但丁"雅号。

高迪在家排行第五,也是老小,幼年时患了风湿病,痛苦不堪。其他小朋友开心地玩耍,他只能一个人孤独地呆在角落,"静观"身边那些细微的变化。很多时候,哪怕一只蜗牛出现在眼前,或者是两只蚂蚁在搬家,都会成为一整天的乐趣。天长日久,疾病之躯慢慢养成了善于"观察"的良好习

建筑是一次诗意旅行

惯,他不再羡慕小伙伴们快乐地游戏,而是放眼大自然,用好奇的灵感触摸每一个出现在眼前的风景。

在这样"静观"的世界里,他的性格更加孤僻内向、不爱交际;也正是这样"静观",让小小的高迪忘记病痛。为了更细致地观察大自然,他常常躲开母亲忙碌的身影,偷偷挪动略显僵硬的双腿,到郊外跟石头对话,与树木为伴。有一天他突然发现:自然界简直是一个神奇的魔术师,无论是花还是草,无论是云还是星,哪怕最不起眼儿的石子,都被雕琢得独一无二,根本找不到完全相同的第二颗!

为了验证自己的发现,高迪忍着肌肉和关节的疼痛,挣扎着爬到小城里最高的小山顶,想看看最高点的植物和石头长成什么样子。大自然真的没有令他失望,高迪再次确认:望上去再怎么高大挺直的树木,其实也是由无数曲线组合而成的;一句话,大自然没有直线!

这样的发现,让高迪第一次情不自禁地手舞足蹈起来,不料那些最钟爱的小石子绊了他一跤,身体失去平衡,滚落到山下,昏了过去。好心的路人把他背回家,母亲用哭喊声把他唤醒,高迪这才感觉到一阵阵钻心的刺痛,原来双手被划出了好几道口子,膝盖也磕得青一块紫一块,有的地方还渗着血。庆幸的是,小城很小,山也不高,他受的也只是皮外伤。父亲用严厉的语气警告他,今后不许再私自出门;母亲边流泪边为他擦伤口,心疼地埋怨他是不是疯了? 一个人爬山干嘛,不要命了吗? 然后不停地祷告,在胸口划十字,祈祷小儿子快些摆脱病魔的纠缠,回到健康孩子的行列。

小小的高迪咧开嘴天真地笑了,目光透过母亲微驼的脊背,仿佛又看到由曲线构成的大自然。也就是在那一刻,他幼小的心田开始萌发一个幻想——有朝一日,如果能仿效大自然,像大自然那样去做些什么,该多好! 但是做什么呢,渺小的他,究竟能做些什么,他还不知道。

进入青年时期的高迪依然孤僻内向,依然如故地活在"观察"和"幻想"里,同学们几乎没有人真正喜欢他,从而更严重地导致了他的孤独。所有学科中,他偏爱的是画图,而且特别棒,他最早的作品就是替中学生自办的

手抄本杂志《滑稽周刊》画一批插图，杂志每期出 12 份，算是相当多了。他的图画总是很另类，给读者太多的疑问和惊叹。

很多人对他的作品提出异议，甚至全盘否定，但他不愿意被别人左右，依然我行我素，坚持自己的爱好。高迪在日记里这样写道："只有疯子，才会试图去描绘世界上不存在的东西！"

高迪也许确实是个疯子，在他的世界里只有艺术，只有点缀着魔幻的生存意念，后来逐渐形成了无可比拟的独特性。

1870 年，18 岁的高迪进入梦寐以求的巴塞罗那建筑学校就读，不幸却接踵而来：先是医校刚毕业的大哥不幸去世，接着是母亲病故，再后是姐姐撒手人寰，留下一个幼小的女儿。老父只好带着外孙女搬到巴塞罗那来与儿子同住。高迪从此不得不一边学习，一边赚钱养家糊口。在如此艰难痛苦的境况里，他全身心投入到创作中，从未放弃过自己的幻想，也一直坚持自己的风格。还是学生的时候，便参加了巴塞罗那若干"奇观"的建造，名义上他是几位大建筑师的助手，但是交给他设计的几个部分，全是他自己独立完成的。

1877 年，高迪为一所大学设计礼堂，这也是他的毕业设计。方案出来后，引起很大争议，但最后还是被通过了。建筑学校的校长犹豫不决，最后感慨万千地说："真不知道我把毕业证书，发给了一位天才还是一个疯子！"

几乎所有人都认为高迪是个疯子，因为他的想法与众不同，他不想挖空心思地去"发明"什么，而只想仿效大自然，因为他的整个身心，充满了对大自然的爱。他觉得大自然是生命生存的空间，他要用灵感的双手去触摸那些山川河流石头瓦砾，最后雕琢成永恒。

有人说，想获得多么大的成功，必先经历成倍的磨难。对高迪来说，二十多年的坎坷命运，在 1878 年有了转折，他不仅获得了建筑师的称号，更主要的是结识了欧塞维奥·古埃尔，后来，古埃尔成为高迪的保护人和同盟者，更是他一生中唯一的知己好友。

古埃尔既不介意高迪落落寡合的性格，也不在意他乖张古怪的脾气，

建筑是一次诗意旅行

更不在意他不修边幅的疯癫模样。因为古埃尔深信,站在他面前的是一位建筑学天才,他完全认同这样一个真理:"正常人往往没有什么才气,而天才却常常像个疯子。"高迪的每一个新奇的构思,在旁人看来都可能是绝对疯狂的想法,但在古埃尔那里总能引起欣喜若狂的反应。

由高迪设计和古埃尔出资建筑的古埃尔庄园、墓室、殿堂、公园、宅邸、亭台等,都成了属于西班牙和全世界的建筑艺术杰作。高迪在古埃尔那里,得到的是每个创作者所渴望的东西:充分自由地表现自我,而不必后顾财力之忧。

高迪曾说:"艺术必须出自于大自然,因为大自然已为人们创造出最独特美丽的造形。"他是名副其实的充满幻想的浪漫主义建筑学家。

世人叹服那些没有一条直线的建筑,体味到他独特性、创造性、前瞻性的建筑理念,和对生活更高的追求;同时,更加信服一条哲理:"大自然是伟大的参考书,是超越自我的动力,任何人类成就都是自然赋予的。"世界万物无不具有建筑的灵气,但这需要善于观察的心灵,和一种坚持自我、超越自然的信念。

逐梦箴言

"宝剑锋从磨砺出,梅花香自苦寒来",大自然赋予生命美丽,同时也给予相应的磨难。像本节故事里的高迪,他在逆境中有过自卑,也有过低迷,最后一点点正视自我,战胜自我,逐渐挖掘勇气和能力,奋勇拼搏,直到成材。所以说,多舛的命运往往能造就伟大的人物,因为人没有压力不抬头,没有动力不奋进,一旦二者兼备,就会发挥出令人吃惊的潜力!

知识链接

【圣家族大教堂】

高迪具有代表性的作品：圣家族大教堂，又译作"神圣家族教堂"，简称为"圣家堂"，堪称上帝的建筑，它是西班牙建筑大师安东尼奥·高迪的毕生代表作。它位于西班牙加泰罗尼亚地区的巴塞罗那市区中心，始建于1884年，目前仍在修建中。尽管是一座未完工的建筑物，但丝毫无损它成为世界上最著名的景点之一。

建立教堂的目的在于，使其成为维护社会秩序的精神支柱，同时也是城市社会活动中心，原计划不仅有教堂还有相应的学校、工厂、会议厅等等。教堂的位置在城市规划中非常重要，是巴塞罗那的标志性建筑。教堂最初被命名贫民教堂，曾一度改称新教堂，最后决定取名神圣家族教堂，可见其被重视的程度。

圣家族教堂是一座宏伟的天主教堂，整体设计以大自然诸如洞穴、山脉、花草、动物为灵感。高迪曾经说："大自然属于人类，而曲线归于上帝。"圣家族大教堂的设计完全没有直线和平面，而是以螺旋、锥形、双曲线、抛物线各种变化组合成充满韵律感的神圣建筑。

【米拉公寓】

米拉公寓坐落在巴塞罗那帕塞奥.德格拉西亚的大街上，形状怪异，造型奇特，被老百姓称为"石头房子"，是高迪自认为他设计的最好的房子，专门为企业家佩德罗·米拉设计建造的，与高迪的另外两件作品一起，在1984年被联合国教科文组织宣布为世界文化遗产。

米拉公寓位于街道转角，地面以上共六层，这座建筑的墙面凸凹不平，屋檐和屋脊有高有低，呈蛇形曲线。建筑物仿佛是一座被海水长期浸蚀又经风化布满孔洞的岩体，墙体本身也像波涛汹涌的海面，富有动感。米拉公寓的阳台栏杆由扭曲回绕的钢条和铁板构成，如同挂在岩体上的一簇簇杂乱的海草。

我的未来不是梦

知识链接

目前米拉公寓不再是公寓,而是博物馆,可以观赏高迪建筑的概念与特色,米拉公寓不仅外表流线,内部亦如此,无一处是直角,房间的平面形状也几乎全是"离方遁圆",无一处是方正的矩形。米拉公寓是一尊由波浪型的曲线构成的巨大石造纪念碑,形状扭曲奇特的通风口,石块好像都是液体的,有机的,房顶上的烟筒和通风口成了幻影似的战士,抽象的陶瓷拼花螺旋。

■ 一枚草叶证明勤奋的价值

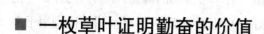

勤劳智慧是中国人的传统美德，而鲁班这个名字，则是中国古代劳动人民的象征。在求学的路上，如果能做到眼勤、手勤、脑勤，就可以行行出状元。人最大的障碍就是懒惰，有了理想，要用勤奋的汗水去浇灌，才能结出累累的成功硕果。

鲁班，中国春秋末期著名工匠，从小就很注意对客观事物的观察、研究，受自然现象的启发，致力于创造发明，如锯、钻、刨子、铲子、曲尺、划线用的墨斗，据传说都是他发明的。而每一件工具的发明，都是在生产实践中得到启发，经过反复观察、不断研究、多次试验出来的结果。

木艺这一行可说是最古老的行业，木工在建筑业中一直占有很重要地位，鲁班生活的年代，是土木建筑为主的时期。而砍伐木材也基本用斧头、刀子，既费力又费时。看着工友们汗流浃背的劳动画面，常常让鲁班有一种责任感，想研究一种工具帮大家减轻负担。尝试很多次，都失败了，工匠们劝他别费劲儿了，有那瞎琢磨的工夫，还不如多砍两斧子呢。但鲁班不那么认为，所谓"磨刀不误砍柴工"，如果发明出更快捷的工具，肯定事半功倍。因此，他利用工作之余，继续坚持钻研。

有一年夏天，鲁国国王要鲁班监工营造一座宫殿，期限为三年。但是国王哪知道百姓的疾苦啊？修建宫殿所需的木料，鲁班工程队的所有工匠砍上三年，也完不成任务的，更不要说修建了。但圣命不可违，若想保住性命，就要加快砍伐进度；要加快进度，就必须夜以继日，没黑天没白日地砍

树。

这天天刚蒙蒙亮，鲁班为了节省时间，抄小路上山，路上长满了小树和杂草，行走相当困难，最后只好拽着茅草往上走。不料坡陡路滑，鲁班脚底一滑，身体便顺着山坡往下滚去，情急之下，他赶紧抓住一把茅草，由于没有抓牢，反而让手掌心疼痛无比。

顾不得摔倒的狼狈，鲁班凝视着掌心淋漓的鲜血，不明白为什么一把茅草，能够划破自己的掌心？好奇心让他迅速起身，然后沿着刚刚滑下来的陡坡爬上去，表面看上去，那丛茅草与其他的草，并没有什么区别。鲁班望着流血的掌心，不甘心地蹲下身，揪起一根茅草仔细观察起来。

如此近距离，他终于看出原因了，这茅草的叶子很怪，叶边都长着锋利的小细齿，不小心碰上，掌心就会被划破。为了证明自己的分析，鲁班又在另一只手上做试验，果然划开一道血口。

鲁班还没探究出其中的道理，突然看到近处有一只大蝗虫，两片大嘴一开一合，很迅速地吃着草叶。他灵机一动，把蝗虫捉住，看清楚了，原来蝗虫的牙上也排列着许多小细齿，一张一合间，完整的草叶就被划破了。

鲁班惊喜地拍了一下脑门，掌心的血液印到额头上，瞬间带来灵感的光芒：如果仿照茅草和蝗虫的细齿，做出一件边缘带有细齿的工具，那么伐木是不是比斧头更快，更好呢？

鲁班手握着那株茅草，像握着一件珍宝，飞奔下山，找到金属工匠帮忙，以最快的速度做出一把带许多细齿的铁条，模样得跟茅草类似。然后，他带着这件工具去伐木，果然不出所料——既省力又省时！鲁班欣喜若狂，又经过反复加工改良，锯子就这样问世了！

虽然，这个故事只是个家喻户晓的传说，但我们从中却可以得到深刻的启迪：实践出真知，钻研出智慧。在勤奋的路上，还要有善于观察的慧眼，要有不怕失败的倔强劲头儿。

后来，鲁班在机械、手工工艺等方面也做出很多贡献。他曾创制了云梯，准备帮助楚国攻打宋国，后来被墨子制止。因为墨子主张制造实用的生产工具，反对为战争制造武器。鲁班深深了解战乱给老百姓带来的苦难，

于是接受了这种思想,潜心研制对人民大众实用的工具。这些木工工具的发明,使当时的劳动效率成倍提高,土木工艺出现了崭新的面貌。

民间还有一个更具浪漫色彩的传说:相传鲁班经常在外施工,长时间不能回家,很是思念亲人。有时,看到各种小鸟在天空自由飞翔,就特别羡慕,幻想如果有一双翅膀,便也能随时飞回家了。有一天,他突发奇想,既然人类可以发明车辆作为代步工具,那么何不尝试做一只飞鸟模型,带着自己飞翔呢?

想法一出现,鲁班立刻兴奋地找来最好的竹木,削成飞鹊,想借助风力在空中试飞。开始的时候,由于各种数据不太准确,木飞鹊无法承载重物,将他重重地摔了下来,险些伤到大腿骨。工友们七嘴八舌劝他:行了,别做梦了,人是靠双腿走路的,怎么能跟鸟儿争天空呢?

鲁班揉着受伤的大腿,不服输,既然木飞鹊能有起飞的瞬间,就说明有继续飞翔的可能。只要有一线希望,就不能轻言放弃。于是,他又对照着真的飞鹊把图纸做了仔细修改,把工具做了改良。这次,木飞鹊真的飞了起来,只可惜时间还是太短,在空中摇晃了几下,再次把鲁班摔了下来。

鲁班固执地不肯放弃,默默地反复研究,反复改良,数日后,木飞鹊终于能在空中飞行很长时间了!看着他像鸟儿一样在头顶飞过,工友们既佩服又羡慕,从此对鲁班更加尊重。

据传说,鲁班曾经借助这个飞行工具,施工之余经常回家探亲,尽享天伦之乐。在某种意义上,这项发明,应该是中国人第一次成功长上鸟儿的翅膀,是原始航空科学的先头兵,也引领了中国人的飞天梦。

在机械方面,鲁班还发明了锁,机关在里面,外面不露痕迹,必须借助配合好的钥匙才能打开。同时,他观察马车的行进过程,然后改进过车辆的构造,制成了机动的木车马,这种木车马由木人御,装有机关,能够自行行走。后世不少科技发明家,如三国时期的马钧、晋朝的区纯、北齐的灵昭、唐朝的马待封等,都受这个传说的影响,相继朝这个方向努力过。

每年的六月十三日,是鲁班师傅诞生纪念日,其中一项很特别的传统活动,就是派"师傅饭"。相传吃了"师傅饭"的小孩子,不仅能像鲁班那么

我的未来不是梦

聪明,而且很快长高长大,健康伶俐。二千多年来,木艺工人就是用这种传统方式,纪念着他们的"祖师"鲁班,一代又一代传颂着鲁班的故事,传承着尊师重道的精神!

逐梦箴言

列宾曾经说过:"灵感,是由于顽强的劳动而获得的奖赏。"这句话用在鲁班身上再贴切不过了。他活在真实而朴素的生活中,在任何环境中都能主动摸索经验,并且把大自然当做忠实的教材,为思想插上了奇思妙想的翅膀。坚持和勤奋,让鲁班成为几千年来倍受尊重的木匠之父。"并非神仙才能烧陶器,有志的人总可以学得精手艺",这是鲁班留给后世的朴素哲理。

知识链接

【鲁班奖简介】

鲁班奖的全称为"建筑工程鲁班奖",是 1987 年由中国建筑业联合会设立的,当时属于行业性荣誉奖,属于民间性质。主要目的是为了鼓励建筑施工企业加强管理,搞好工程质量,争创一流工程,推动中国工程质量水平的普遍提高。

1996 年 7 月,根据建设部决定,将 1981 年政府设立并组织实施的国家优质工程奖与建筑工程奖合并,奖名定为"中国建筑工程鲁班奖",每年评选一次,奖励数额为每年 45 个。2000 年 5 月 15 日,中国建筑业协会发布了"中国建筑工程鲁班奖(国优)"评选办法,每年评选出鲁班奖工程 80 个,获奖工程和获奖企业将载入中国建筑业发展史册。

■ 一个橙子成就扬帆的梦想

在新南威尔士州首府悉尼市贝尼朗岬角上,紧靠着世界著名的海港大桥的一块小半岛上,矗立着一座造型新颖、风姿绰约的海中歌剧院。它三面环海,南端与市内植物园和政府大厦遥遥相望,建筑造型新颖奇特、雄伟瑰丽,外形犹如一组扬帆出海的船队,也像一枚枚屹立在海滩上的洁白大贝壳,与周围海上的景色浑然一体。

如今,人们看到这座被称为"澳洲雪梨"的梦幻般建筑,却很少有人知道,当初那份设计蓝图,差点儿被埋没在废纸篓里;而38岁的设计者约翰·伍重,曾经一度默默无闻,后来又一度被争议和反对,被挤压和否定;最后他被迫辞职,退出建筑班子,从此离开澳洲;甚至一生,再也未踏上过澳洲的土地,不曾目睹自己的旷世杰作。

这位伟大的设计师约翰·伍重,是一个造船工程师的儿子,于1918年4月9日出生于丹麦的奥尔堡。曾经是一名优秀的水手,直到18岁时,他的梦想是当一名海军军官。第二次世界大战爆发后,他逃往瑞典,在贡纳尔·阿斯普朗德的建筑室做小职员;后来又辗转到了芬兰,为建筑师阿尔瓦·阿尔托的公司工作。接下来的十年里,还游历过中国、日本、墨西哥、美国、印度、澳大利亚等地。而他去的最后的地方,成为影响他命运的主要因素,让他一生孜孜以求建筑的真谛。

如果有机会去悉尼歌剧院,导游一定会深情地讲一段传奇故事:伍重38岁的时候,还是位名不见经传建筑师,设计理念也只是在丹麦有过一次

实践。但他的梦想,却总是不甘沉沦,在他的大脑里,始终有在大海中扬帆的画面,潜意识里,他渴望有机会把这种画面和激情展示给世人。

1956年,是约翰·伍重的幸运年,他从一本瑞典的建筑杂志得知悉尼歌剧院的设计竞赛,这次大赛属于国际性建筑大赛,对预算和时间均无限制。评审委员会由四位建筑师组成,其中既无工程师,也没有政治家。这样的信息,让伍重兴奋极了,一场没有金钱、没有时间、没有政治、没有等级歧视的匿名竞赛,对他来说,简直就是梦寐以求的机会啊!而建筑地点在悉尼港湾,他觉得,关于海的梦想,会在这次竞赛中实现!

无比亢奋的伍重反复研究数张悉尼港湾的导航图,并且仔细观看了一部"鼓励欧洲人变成真正的澳大利亚人"的电影,希望对他的设计理念有所启发。脑海中想法很多,像波涛一样汹涌,但一张张的草图过后,又都被他自己否定了。他觉得,一定还会有更标新立异的造型,让看到它的人,第一眼就被吸引,甚至可以改变整个悉尼的形象,成为悉尼的标志性建筑。

灵感一直卡在那里,寻找不到突破口。伍重想起年少时出海的日子,乘风破浪的激情让他无所畏惧;同时,也想起每次归航后,那些安静地躺在海边的美丽贝壳。要如何才能把美丽的梦幻,变成看得见摸得着的实体建筑呢?伍重夜以继日坐在办公桌前,勾勾画画,冥思苦想,却终无满意答案。

妻子看到伍重那么辛苦,心疼地递过来一个橘子,想让他放松放松,换换心情。伍重思绪还停留在那些设计草图上,拿起小刀无意识地划来划去,希望能找到灵感。妻子无限担忧地叫住他,检查他有没有伤到手,这时伍重才发现:橘子在一次又一次被小刀切中后,意外地被切开了,此刻像盛开的莲花伸展着花瓣,以妩媚的姿态展示在他的面前!

"有了!有了!"伍重欣喜若狂地蹦起来,搂着妻子一阵欢呼,像孩提时代拾到最美丽的贝壳一般激动。

接下来的六个月,伍重几乎是废寝忘食的投入到设计中,分析基地后,看到班尼朗半岛四面临空,这里的建筑不仅要有东南西北四个漂亮的立面,绝不能出现难看的背面。而且还应有从上面看下来的第五个立面——屋面的造型。倘若采用一般歌剧院的形式,则无法避免在舞台上方设置一个

方方正正,沉重封闭的舞台台箱,并且突出于整个剧院最高处。处在美丽的班尼朗半岛上的歌剧院,也应该优雅多姿。所以他为未来的歌剧院设计了三组既像贝壳又像白帆的屋顶,并加上一个巨大的石头基座,以抬高建筑物和占领空间。

就这样,一个似莲、似帆、又似贝壳的建筑模型诞生了!在此基础上,他吸收大地、海洋和天空的精华元素,并用自己的设计对其加以诠释:在凝重的石制平台之上,悬着一片片由陶瓷和混凝土构成的波浪形云朵。

伍重几乎倾注了毕生所学所思所感,希望让设计蓝图有成为现实的可能。

然而,就是这样一个伟大的设计方案,险些夭折。当时其他几位评委一致否定了伍重的设计,因为在来自 30 多个国家 230 个参赛作品中,伍重这个"用白瓷片覆盖的三组贝壳形的混凝土拱顶",简直是异类;而且,单单从模型上就能看得出,这座建筑规模庞大,包括了音乐会大厅、歌剧大厅、剧场、排演厅和众多的展览场地设施,即使真的有可行性,也是一个浪费时间、金钱和土地的费力不讨好的工程。

而命运,就在方案被丢进废纸篓后发生了转折:迟来的评审员埃罗·沙里宁从被驳回的图纸堆中,挑出了这份旷世杰作。沙里宁惊叹于伍重的神奇构思,认为这个贝壳似的建筑,完全可能会变成改变国家形象的建筑,是整个澳洲人的珍宝和骄傲!被正式宣布为悉尼歌剧院设计竞争的获胜者时,伍重的眼睛湿润了,他不在乎大赛给的荣誉和奖金,只要能把梦想变成现实,只要得到世人的认可,才是他追求的最高境界。

接下来的 5 年多时间,伍重在丹麦的工作室为这项工程悉心构思,甚至连餐具和家具都已成竹在胸,跟整体设计风格完全统一。后来,他亲自来到悉尼,用 4 年的时间监工完成一期工程平台的建筑;又用了 5 年时间,完成了二期工程壳形上部的建筑。然而,如此庞大的工程,如此巨大的工程款项,早已引起了广泛的争议,再加上 1965 年的政治变故,工程面临停工的局面。伍重不愿意自己的梦想被他人左右,毅然退出工程组,背负数十万澳元的债务,离开心爱的贝壳建筑,离开美丽的悉尼港湾……

我的未来不是梦

时间是最好的验证师，它告诉我们——不能轻易丢掉自己的梦想。

2002年，争议得到相对和解，约翰·伍重被委托设计悉尼歌剧院内部翻修，这才使悉尼歌剧院更接近他最初的设想。2003年，他获得了悉尼大学的荣誉博士称号。

同一年，伍重获得了世界建筑界的最高荣誉——普利兹克奖。此奖项是对伍重的最终认可，颁奖词这样评价："约翰·伍重是一位建筑师。他扎根于历史，触角遍及马来西亚、中国、日本、伊斯兰的文化，以及其他很多的背景，包括他自己的斯坎德纳亚人的遗传。他把那些古代的传统与自己和谐的修养相结合，形成了一种艺术化的建筑感觉，以及和场所状况相联系的有机建筑的自然本能。他总是领先于他的时代，当之无愧地成为将过去的这个世纪和永恒不朽的建筑物塑造在一起的少数几个现代主义者之一。"

伍重的作品，预示了第三代现代主义建筑师用有机环境秩序取代第一代现代主义建筑师偏执的理性主义的一种转向。对环境的构造而言，第一代现代主义建筑师僵硬的理性主义和外在教条的不可行性，迫使伍重这一代建筑师去探讨相对来说更为自由和内在的秩序体系。伍重一生都在追求建筑的真谛，虽然晚年盲掉了双眼，没有亲眼目睹悉尼歌剧院的风采，但却一直闭着眼睛用心灵去体验它。

2007年，悉尼歌剧院被联合国教科文卫组织评为世界最年轻的文化遗产，著名建筑师弗兰克·盖里说，"约翰·伍重设计了一幢超越它的时代的建筑物，远远领先于可以运用的技术，并且，他为设计一幢改变了整个国家的形象的建筑，承受住了非同寻常的攻击和负面批评"。远在天堂的建筑大师伍重，如果听到这样的话语，应该欣慰地笑了。

逐梦箴言

　　鲁迅说:"希望是附属于存在的,有存在,便有希望,有希望,便是光明。"本段故事中的伍重,一生也没能亲眼目睹他设计的旷世杰作,但这丝毫不影响他用一生去努力和追求。对于伍重来说,人生的乐趣,更在于这个追逐梦想的过程,在山一程水一程的辗转中,还能用心灵去触摸世界,感受希望和光明的力量。所以,他就是幸福的!

知识链接

【悉尼歌剧院】

　　悉尼歌剧院是与印度泰姬陵、埃及金字塔比肩的世界顶级建筑。它是 20 世纪建筑史上的奇迹,有"澳洲雪梨"、"悉尼之魂"等美誉。而这个创作理念,来自丹麦建筑设计师约翰·伍重的灵机一动,灵感来自一个橘子。他的小刀触动了一个真理:球体网割弧线分割法。1959 年 3 月破土动工,历时 14 年,耗资 1 亿多澳元,1973 年 10 月落成揭幕。英国女王伊丽莎白二世专程前来剪彩。2007 年被世界教科文卫组织评为最年轻的世界文化遗产。

　　悉尼歌剧院整个建筑占地 1. 84 公顷,长 183 米,宽 118 米,高 67 米,相当于 20 层楼的高度。它建在一座很高的混凝的平台上。门前大台阶宽 90 米,桃红色花岗石铺面。据说,是当今世界上最大最长的室外水泥阶梯。整个歌剧院分为三个部分:歌剧厅、音乐厅和贝尼朗餐厅。高低不一的尖顶壳,外表用白格子釉磁铺盖,在阳光照映下,远远望去,既像紧立着的贝壳,又像两艘巨型白色帆船,飘扬在蔚蓝色的海面上,故有"船帆屋顶剧院"之称。

　　悉尼歌剧院是澳大利亚全国表演艺术中心,犹如巴黎的艾菲尔铁塔,这座歌剧院已成为悉尼的标志。

我的未来不是梦

知识链接

【普利兹克奖】

　　每年一次，颁给建筑师个人的奖项，有建筑界的"诺贝尔奖"之称，1979 年由普利兹克家族的杰伊·普利兹克和他的妻子辛蒂发起。

　　每年约有五百多名从事建筑设计工作的建筑师被提名，由来自世界各地的知名建筑师及学者组成评审团评出一个个人或组合，以表彰其在建筑设计创作中所表现出的才智、洞察力和献身精神，以及通过建筑艺术为人类及人工环境方面所作出的杰出贡献。获得者将得到 10 万美元奖金、一份证书和一个铜制奖章。从 1979 年至 2012 年已颁给 37 位建筑师，对于世界上的建筑师而言，获奖意味着至高无上的终身荣耀。

一滴水珠折射智慧的光芒

水是生命之源。没有食物,人可以活一周或更多;没有水,三天都不一定能活。然而,任何事物都有双面性,"大雨水灾甚于火",千百年来,水养育着天下生灵的同时,也给广大人民群众带来无尽的灾难,真是让人们既爱又怕。

唐代诗人岑参《石犀》一诗中这样写过:"江水初荡潏,蜀人几为鱼。向无尔石犀,安得有邑居。始知李太守,伯禹亦不如。"最后两句诗的意思是,现在才知道李太守治水的功绩,就连当年的大禹也无法与他相比。诗中的李太守,指的是我国杰出的水利工程家李冰,他成功主持修建了早期的灌溉工程都江堰,使川西平原富庶起来,而且至今还在为无数民众输送汩汩清流。

李冰生活在战国时期,从小就喜欢钻研水利、天文地理等知识,读了很多这方面的书籍。古时候,常常发生洪涝灾害,而一些迷信的方法更是阻挠了治水的进程,诸如"河伯娶妻"一类的骗局,也时有发生。李冰从书籍悟出一个道理:必须坚决用科学的方法来治理水患,才能真正造福人民大众。于是,年少的李冰为人类的愚昧无知而痛心,更为那些受害的百姓难过,他更加勤奋求学,希望有朝一日实现治水的远大抱负。

古代的四川非涝即旱,有"泽国"、"赤盆"之称,四川人民世世代代同洪水作斗争。公元前316年,秦国吞并蜀国,秦国为将蜀地建成其重要基地,决定彻底治理岷江水患。秦王斟酌再三,决定派精通治水的李冰,取代政

我的未来不是梦

治家张若任蜀太守,终于,英雄有了用武之地。

从山西运城来到蜀郡后,由于水土不服,李冰患了风寒,但他顾不得大夫的叮嘱,带病和儿子二郎亲自沿岷江岸进行实地考察,了解水情、地势等情况。

李冰亲眼看到当地严重灾情:发源于成都平原北部岷山的岷江,沿江两岸山高谷深,水流湍急;到灌县附近,进入一马平川,水势浩大,往往冲决堤岸,泛滥成灾;从上游挟带来的大量泥沙也容易淤积在这里,抬高河床,加剧水患;特别是在灌县城西南面,有一座玉垒山,阻碍江水东流,每年夏秋洪水季节,常造成东旱西涝。

有一天,李冰正和儿子在灌县考察,突然发现波涛变了脸色,阴沉恐怖地向堤岸这边涌来,那气势汹汹的样子,像要把整个灌县都吞掉一般。李冰赶紧命令身边的人撤退,可是还未等他走远,大浪铺天盖地袭卷而至,堤岸被冲毁,水流直接向灌县县城逼近,经过李冰身边时,顺势把他也卷进了激流……

当李冰再次睁开眼睛的时候,已是洪灾过后,整个灌县一片狼藉,很多房屋被毁,很多人受伤甚至失踪死亡,人民的生命财产均遭受严重损失。而据说,当时儿子二郎一直紧紧抱住他,直到最后父子二人被卡在树杈间,才算没有被洪水冲到下游。后来被老百姓救起的时候,二郎望着那些被冲折的小树,一阵阵后怕,幸亏他们遇到的是一棵强壮挺拔的大树,否则后果真的不堪设想。

儿子一边讲述,一边端过水和药请他服下。药是苦的,碗中的水,却清澈透明。望着一眼见底的清水,李冰心里揪着般地难受——水啊水,你如此清纯可爱,哪里像是吃人的魔鬼啊?我一定要想办法驾驭你,让你成为人类真正的朋友!

带着这样的疑问和坚定的愿望,李冰挣扎着从病塌上爬起来,叫人绘制水系图谱,然后投入到灌县的重建和修建都江堰工程中来。他反复研究,最后制定了详细周密的治理方案,又通过天文地理等方面的相关数据,加以论证,最后决定修建都江堰,以根除岷江水患为先。李冰经过实地调查,

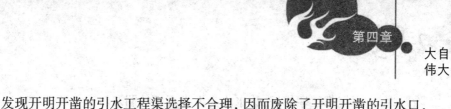

发现开明开凿的引水工程渠选择不合理,因而废除了开明开凿的引水口,把都江堰的引水口,上移至成都平原冲积扇的顶部灌县玉垒山处,这样可以保证较大的引水量和形成通畅的渠首网。

关于都江堰的修建,相关资料大都有如下记载:

为了使岷江的水能够东流,首先把玉垒山凿开了一个二十米宽的口子,叫它"宝瓶口"。被分开的玉垒山的末端,状如大石堆,就是后人称做的"离堆"。大堤前端开头犹如鱼头,所以取名叫"鱼嘴"。分水堰两侧垒砌大卵石护堤,内江一侧的叫内金刚堤,外江一侧叫外金刚堤,也称"金堤"。分水堰建成以后,内江灌溉的成都平原就很少有水旱灾了。

以后,为了进一步控制流入宝瓶口的水量,在鱼嘴分水堤的尾部,又修建了分洪用的平水槽和"飞沙堰"溢洪道。春耕季节,内江水量大约占六成,外江水量大约占四成。洪水季节,内江超过灌溉所需的水量,由飞沙堰自行溢出。宝瓶口是节制内江水量的口门。为了控制内江流量,李冰父子作石人立在江中,作为观测水位的标尺,要求水位"竭不至足,盛不没肩"。

李冰还作石犀,埋在内江中,作为岁修时候淘挖泥沙的深度标准。岁修的原则是"深淘滩,低作堰"。"深淘滩"是说淘挖淤积在江底的泥沙要深些,以免内江水量过小,不敷灌溉用;"低作堰"是说飞沙堰堰顶不可修筑太高,以免洪水季节泄洪不畅,危害成都平原。后人把这六字诀,刻在内江东岸为纪念李冰父子而建的二王庙的石壁上,很是醒目。

李冰在治水的过程中,不仅遇到自然界的困难,同时还受到很多封建迷信思想的阻挠。有人说他疯了,这样不敬天神不敬水神的做法会激怒河伯,若恼龙王,连累天下苍生都不得安生;甚至秦王的亲戚华阳侯更是嫉妒他,制造一系列的谣言,中伤李冰是中饱私囊,贪污工程款等等,想破坏都江堰的修建。

但是李冰坚信真理占在他这一边,坚决用科学的方法治理水患,而且还成功解决了各种人造事件,及时地处理了工程中的问题和紧急状况。因为他非常清楚,也心胸坦荡,他所做的一切,对蜀地必将产生深远的影响,如果都江堰成功了,也会给全国各地水利事业带来崭新的局面。因此,排

我的未来不是梦

建筑是一次诗意旅行

除万难，也要把都江堰修好，让水成为人类真正的朋友。

有志者事竟成，都江堰终于竣工了！从此，蜀地"旱则引水浸润，雨则杜塞水门，故水旱从人，不知饥饿，则无荒年，天下谓之天府"。水利的开发，使蜀地农业生产迅猛发展，成为闻名全国的鱼米之乡。史书记载，西汉时，江南水灾，"下巴蜀之粟致之江南"，唐代"剑南之米，以实京师"。渠道开通，使岷山梓柏大竹"颓随水流，坐致材木，功省用饶"。而且有名的蜀锦等当地特产亦通过这些渠道运往各地。正是由于李冰的创业，才使成都不仅成为四川而且是西南政治、经济、交通的中心，同时成为全国工商业和交通极为发达的城市。

李冰修建的都江堰水利工程，不仅在中国水利史上，在世界水利史上也占有光辉的一页。唐代杜甫有诗云："君不见秦时蜀太守，刻石立作三犀牛，自古虽有厌胜法，天生江水向东流，蜀人矜夸一千载，泛溢不近张仪楼。"因此有人说，中国历史上最激动人心的建筑，不是长城，而是都江堰。

逐梦箴言

"沧海可填山可移，男儿志气当如斯！"李冰身为四川郡太守，手握一把长锸，站在滔滔的江边，完成了一个"守"字的原始造型；那把长锸，千年来始终与金林玉玺、铁戟钢锤反复辩论，正气淋漓，闪耀着清清白白、坦坦荡荡的智慧光芒。"古之立大事者，不惟有超世之材，亦必有坚忍不拔之志"，李冰两千多年来被四川人民尊为"川主"，实在是当之无愧的！

知识链接

【都江堰简介】

都江堰位于四川省成都市都江堰市灌口镇,是中国建设于古代并使用至今的大型水利工程,被誉为"世界水利文化的鼻祖"。1982 年被国务院批准为第一批国家级风景名胜区;2000 年被联合国世界遗产委员会确定为世界文化遗产;2005 年被正式批准为国家 5A 级旅游景区。通常认为,都江堰水利工程是由秦国蜀郡太守李冰及其子率众于公元前 256 年左右修建的,是全世界迄今为止,年代最久、唯一留存、以无坝引水为特征的宏大水利工程,也是全国重点文物保护单位。都江堰附近景色秀丽,文物古迹众多,主要有伏龙观、二王庙、安澜索桥、玉垒关、离堆公园、玉垒山公园、玉女峰、灵岩寺、普照寺、翠月湖、都江堰水利等工程。

《石犀行·杜甫》

君不见秦时蜀太守,刻石立作三犀牛。

自古虽有厌胜法,天生江水向东流。

蜀人矜夸一千载,泛溢不近张仪楼。

今年灌口损户口,此事或恐为神羞。

终藉堤防出众力,高拥木石当清秋。

先王作法皆正道,鬼怪何得参人谋。

嗟尔三犀不经济,缺讹只与长川逝。

但见元气常调和,自免洪涛恣凋瘵。

安得壮士提天纲,再平水土犀奔茫。

● 智慧心语 ●

天才就是无止境刻苦勤奋的能力。
　　　　　　　　　　　　　　　——卡莱尔

志不强者智不达,言不信者行不果。
　　　　　　　　　　　　——《墨子·修身》

建筑的实质是空间,空间的本质是为人服务。——约翰·波特曼

城市是一本打开的书,从中我们可以看到它的抱负。
　　　　　　　　　　　　　　　　　——沙里宁

只有疯子,才会去描绘世界上不存在的东西。
　　　　　　　　　　　　——安东尼奥·高迪

最好的建筑是这样的,我们身处在其中却不知自然在那里终了,
艺术在那里开始。
　　　　　　　　　　　　　　　　　——林语堂

第五章

传统是取之不尽的源泉

○导读○

　　传统的根本精神是人文主义，民族的才是世界的。"为天地立心，为生民立命，为往圣继绝学，为万世开太平!"在钢筋水泥筑起的机器时代，传统文化更显得弥足珍贵。用几何图形雕琢出古典的魅力，在浮华和时尚中沉淀过往，融和与自由是最美的主题!

■ 在浮躁中找寻本真的记忆

自 2012 年 2 月 28 日起，各大新闻媒体争相报导《中国建筑师王澍首获建筑界诺贝尔奖"普利兹克奖"》这一消息，称这是中国建筑界的一大喜事，是中国的骄傲，称王澍是此奖项设立三十多年来第一个获奖的中国公民，也是获得该奖项的最年轻建筑师。一时间，就像他名字中的"澍"字一样，为中国这个春天下了一场及时雨，为中国的建筑业注入一股新鲜气息。

这种气息，用王澍自己的话说，就叫作"传统"，他认为"传统能让一些东西从过去活到今天，并且一直感染着你。"作为地地道道在中国出生并在中国接受教育和实践的建筑家，王澍从第一步起，就已经开始注意建筑和山水的关系，注重对中国传统园林思想的传承和借鉴。

49 岁的王澍，现任杭州中国美术学院建筑艺术学院院长，也是哈佛大学设计研究院客座教授。他说，"当大家都在赚钱的时候，我却花了六七年的时间来反省。"正是这六七年时间的沉淀和反思，让心灵在浮躁的社会和喧嚣的环境中静下来，才有时间仔细体验中国几千年传统文化的精髓和魅力，并且深深领悟到文化与建筑之间紧密而又微妙的联系。欣赏王澍的作品，就宛如漫步在一幅幅画面当中，沿着历史的轨迹，找到故事的脉络，触摸淳朴的情感延伸。

2012 年 5 月 25 日北京颁奖典礼上，普利兹克先生表示："这是具有划时代意义的一步，评委会决定将奖项授予一名中国建筑师，这标志着中国在建筑理想发展方面将要发挥的作用，得到了世界的认可。此外，未来几

我的未来不是梦

十年中国城市化建设的成功对中国乃至世界，都将非常重要。"这不仅是对王澍个人成果的评价，也是对整个中国的认可。

有很多报导均提到王澍"另类"的学习方法，从中可以看出他求知的热情，和追求理想的那份执著：童年的王澍，正好赶上文革，别的孩子都跑出去"停课闹革命"，只有他借着母亲是图书管理员的便利，翻遍了几乎所有被译成中文的世界名著。这让他比别的孩子早熟很多，并逐渐产生对同龄人的疏离感。

在南京工学院建筑系读大二时，王澍就公开宣称"没人可以教我了"；别人睡午觉，他练毛笔字；别人在操场打球，他去图书馆自习；别人研究后现代主义建筑，他四处寻觅后现代主义电影、后现代主义文学。

他还追着沈从文《湘行散记》的脚步走了3个月，但旅行中既不给房子照相，也不搞土地测量，没有一点建筑师的样子。读了研究生，同学们狂读西学时，王澍却写出一篇《当代中国建筑学危机》，强烈批判中国建筑界100年来始终没能形成一股对传统的继承与发展的风气。毕业答辩前，还特意在教室里挂了自己创作的巨幅黑白抽象作品，论文虽全票通过，却因言行"狂妄"，学校未授予其硕士学位。

而大学毕业后，他的设计在国内建筑界很有争议，几乎没有人给予很高的评价，被称为"后现代青年"；但他依然坚持自己的风格，不愿意随波逐流。他常常固执地想，现在许多人都千里迢迢去看柯布西耶等建筑巨匠的作品，总有一天也会千里迢迢来参观他的作品。

如何继承自己的传统，又如何吸收外来的文化，对王澍来说更是一个高难度的挑战。每个人都在寻找一个特定的属于自己的平衡点，王澍也在寻找。他选择了一种"隐居"于杭州的生活方式，长期和建筑工人或手工匠人在一起，在民间做装修，研究和琢磨传统建筑工匠的技艺。这种隐居生活，一过就是将近十年。他的创作理念始终坚持："自然第一，建筑第二。"

几年来，在推土机的嘈杂和轰鸣声中，王澍沉淀着反省着，他想发出另一种声音，让人们在浮躁和喧嚣过后，找到一种最质朴的东西。有人说他不切实际，因为社会是发展的，是流动的，经济高度发展和现代化的不断推

进,哪里还会有传统和本真的立锥之地?但王澍不那么认为,他从人们疲惫的步伐和迷茫的脸上,读出一种生活的压力和无奈。人们表面上拥有了越来越多的物质,实际上又缺失一种心灵的归属,大多数人已经反思了,好像要冲破那些繁华和浮躁,抓住生命中某种本真的部分。那么作为一名建筑师,有责任把时间和记忆融入到一块砖一片瓦中,希望在有生之年能看到废除使用混凝土,彻底回归中国传统生活方式。

王澍这次获奖的作品是宁波博物馆,这是他的设计风格和思想的集中结合,是一位建筑家向那些急功近利的城市建设发出的一声传统的呐喊。他希望唤醒社会对正义的重视,用一种看似破旧的方式找回消失的时间和记忆,所以把博物馆设计成一座旧砖瓦和混凝土构筑的人工山。王澍说,"这真是个巨大的惊喜。获得这个奖对我来说实在是太荣幸了。我突然意识到在过去的十多年间做了如此多的事情,看来真诚的工作和足够久的坚持,一定会有某种结果。"

"坚持",是一个听起来让人敬佩同时又有些心酸的词汇。相关报导中有这样一段话:"宁波博物馆的外墙材料原本是一堆废料,都是旧城老房子拆迁多余下来的瓦片和青砖。在 12 万平方米的墙面上,王澍用了上百万块瓦片。王澍把这些五花八门的回收材料按照同色系排列在一起,让工人手工把瓦片一片片拼起来,前后历时近 10 个月。而满心要打造一个 CBD 新区的甲方对此十分不解,看见这些破旧的建筑材料,怒吼了。王澍则摆出了一副你必须听我的架势,并用几十次下现场盯施工的认真和负责,深深地打动了甲方。最后,才能还原出王澍内心所要实现的那个博物馆的模样⋯⋯"

或许,"坚持"这个词语的隐身意义,应该是在不顺利的情况下也能执著到底的毅力,至于其中的坎坷和波折,只有当事人自己能体味了。

也有人说,王澍的成功有着一个大的时代背景,反映中国新一代建筑师的建筑实践是和中国崛起的步伐同步的。"因为全球化给我们的生活带来的负面影响是现实,有责任和道德感的中国建筑师们在思考,如何通过使用回收的或创造再生性建筑材料,来解决建筑大量消耗和占有自然资源

我的未来不是梦

建筑是一次诗意旅行

的问题，这种事发生在中国，或许是对位于世界建筑转折点的中国建筑界的一种提醒。"

王澍的代表设计作品包括宁波历史博物馆和杭州中国美术学院象山校园等。普利兹克奖在给王澍的评审辞中这样写到——"中国当今的城市化进程正在引发一场关于建筑应当基于传统还是只应面向未来的讨论。正如所有伟大的建筑一样，王澍的作品能够超越争论，并演化成扎根于其历史背景，永不过时甚至具世界性的建筑。"

逐梦箴言

"当一些人重新考虑要不要走我这条道路时，我已经骑着一匹快马绝尘而去，只留下一团烟尘。"本节的主人公王澍，他认为人要过一种有理念、有信念的生活，目标的坚定是最重要的力量源泉，也是成功的利器之一。拒绝潮流，在浮华中荡涤出独到的视角并领悟中国传统文化的高深莫测，让王澍独树一帜。他的理念带给人们深深的思考：无论社会如何发展和进步，上下五千年的传统美德，不能丢！要做事，先做人！

知识链接

王澍代表作品：

【宁波博物馆】

宁波博物馆位于鄞州区首南中路 1000 号，2008 年 12 月正式对外开放，是全市"十一五"重点文化工程之一，投资 2.5 亿元，占地 60 亩，总建筑面积达 3 万平方米，是宁波城市文化的核心与窗口。它是以展示人文历史、艺术类为主，具有地域特色的综合性博物馆。大致"相貌"是这样的：主体建筑长 144 米，宽 65 米，高 24 米，主体三层、局部五层，采用主体二层以

下集中布局、三层分散布局的独特方式。整个设计以创新的理念，将宁波地域文化特征、传统建筑元素与现代建筑形式和工艺融为一体，使之造型简约而富有灵动，外观严谨而颇具创意，同时，充分体现"独特性、艺术性、经济性、超前性、功能性、安全性"。

【苏州大学文正学院图书馆】

图书馆北面靠山，山上全部竹林，南面临水，一座由废砖场变成的湖泊，全为坡地，南低北高，高差 4m。南北向进深浅，东西向以水为界，曲折狭长。按照造国传统，建筑在"山水"之间最不应突出，这座图书馆将近一半的体积处理成半地下，从北面看，三层的建筑只有二层。矩形主体建筑既是漂在水上的，也是沿南北方向穿越的，这个方向是炎热夏季的主导风向。值得强调的是，沿着这条穿越路线，由山走到水，四个散落的小房子和主体建筑相比，尺度悬殊，但在这里，可以相互转化的尺度是中国传统造园术的精髓。而从一个文人的角度看，那些小房子也许更重要，例如，水中那座亭子般的房子，图书馆的"诗歌与哲学"阅览室，便是一个中国文人看待所处世界的"观点"，一个人与自然生态相互平衡的位置。

■ 让傍晚的彩虹延伸到清晨

20 世纪是现代主义建筑的鼎盛时期，在浩如繁星的建筑作品中，位于法国巴黎近郊普瓦西的萨伏伊别墅，成为现代主义建筑的经典作品之一。这幢白房子表面看来平淡无奇，简单的柏拉图形体和平整的白色粉刷的外墙，简单到几乎没有任何多余装饰的程度。

歌德说"建筑是凝固的音乐"，而萨伏伊别墅内则更像一个音乐小品，其室内与室外、空间与实体、构想与细部、理性与感性等等都以一个完美的整体展现在我们面前，给人以强烈的感染力，这一切靠的不是豪华的材料或附加的装饰，而是设计师强烈的人文精神、深厚的艺术修养和旺盛的创造活力，从中可以深切感到现代建筑设计思想，是表现为一种诗意而富有生命力的创造。

巴黎人很喜欢这幢"从不同角度看都会获得不同印象"的房子，因为它用简单的形体给人巨大的震撼和无穷的回味。正是如此完美的功能主义作品，让人们记住勒·柯布西耶这个名字。

勒·柯布西耶一生建筑成果颇丰，是 20 世纪最重要的建筑师之一，是现代建筑运动的激进分子和主将，被称为"现代建筑的旗手"。因为柯布西耶的伟大贡献，使他与瓦尔特·格罗皮乌斯，路德维格·密斯·凡·德·罗以及弗兰克·洛依德·赖特并称为"四大现代建筑大师。"

1887 年，柯布西耶出生于瑞士西北靠近法国边界的小镇，父母从事钟表制造，让他有了学习钟表技术的机会，并对美术产生深厚的兴趣。不过，

年少的他有丰富的想像,并不是一块小小的钟表盘、数颗小小的零件能满足的;他需要有更大的空间和更好的机会,施展自己的才华,实现远大的抱负。于是他毅然放弃继承父业,选择去布达佩斯和巴黎学习建筑。

这样的决定,理所当然受到父母的反对,他们认为跳到一个新的行业,一切就等于重新开始,那么之前所学就无异于浪费时间和生命。而且建筑师也不容易成功,没有一定的经验和资历,就根本没有独立设计建筑的可能。但是柯布西耶没有动摇,他的脑海里充斥着世界著名建筑的缩影,那些优美的线条和伟大的设计,强烈地吸引着他的脚步。

父母也曾经年轻过,能理解儿子冲动的热情和想法,却不能允许他走弯路。于是母亲又苦口婆心地规劝,说平淡安静的生活才是一种幸福;外面的世界很精彩,但那背后的痛苦和无奈,不是他们这种生于小镇上的人能想象的。父亲则说,行行出将才的,瑞士钟表也是闻名世界的,如果儿子把聪明才智放在钟表制造和设计上,未来很可能就是钟表大师。成功不一定走一条路的,而且少走些弯路,离成功就会更近些……

是这样的吗?

年少的柯布西耶陷入了沉思。他静静地坐在窗前,凝视着傍晚天边的彩虹,有些不知道何去何从。风吹来,云朵在变,彩虹也在变,直到天完全黑了下来,剩下几颗颤抖的星星。柯布西耶忽然心里空落落的,仿佛那道彩虹,原本是他的梦想——而此刻,梦想消散了,一切都没有了生机和动力,犹如这沉沉的黑夜!

不! 一定要将那傍晚的彩虹延伸到明天的清晨;一定要把一切美好的事物,都变成"凝固的音乐",一代又一代传承;一定要沿着传统建筑的轨迹,找到新时期建筑业的方向,让古典和时尚成为亲密和谐的伙伴!

就这样,带着如此坚定完美的信念,少年柯布西耶离乡背井,来到巴黎。从此后,不能再指望父母给他生活费,甚至学费;也不能再期待母亲的早餐和宵夜。所有的一切,都从零开始,他必须用自己的双手先解决温饱问题,然后再挤时间学习。

而想在陌生的城市里生存,并不是一件太容易的事情。他做过多种杂

工,也流过很多辛勤的汗水,一次次主动辞职或者被炒掉,最后总算找到了相对喜欢的绘画和雕刻工作。直到参与新派立体主义画家和诗人合编的杂志《新精神》,他的生活才逐渐进入正轨。

那一天,按自己外祖父的姓取笔名为勒·柯布西耶。他在第一期就写到:"一个新的时代开始了,它植根于一种新的精神,有明确目标的一种建设性和综合性的新精神。"这段话,是他对自己的一个誓言,更是对新时期建筑业的一个承诺。

为了这样的追求和信仰,没有接受过正规建筑学教育的柯布西耶,多年来不仅苦读各种建筑书籍,还虚心向各位专家请教。最初影响他的是著名的建筑大师奥古斯特·贝瑞,并教会他如何使用钢筋混凝土;还有与他一起工作的建筑大师彼得·贝伦斯。后来,他通过自己的努力,把这段文字变成了现实。

柯布西耶在希腊和土耳其周游的时候,参观探访古代建筑和民间建筑,无论当地的条件是否恶劣,他都坚持一路探究下去。当地居民的讲述和期待,让他深切地感受到,住房已经成为一种机器,是能让人们有归属感的地方,所以他强烈地想为普通大众设计出合理适用的房子。他主张用传统的模式来为现代建筑提供模板,传统一直是他真正的主导者。

在设计萨伏伊别墅之初,柯布西耶原本的意图是用这种简约的、工业化的方法去建造大量低造价的平民住宅,没想到老百姓还没来得及接受,却让有亿万家产的年轻的萨伏伊女士相中,于是成就了一件伟大的作品,它所表现出的现代建筑原则影响了半个多世纪的建筑走向。

而对于被考察的建筑,柯布西耶会从多种角度,经常是从四种角度考虑的。自然是美妙的,新鲜的空气、明媚的阳光,还有来自大自然的清新和美丽,让他感觉到需要建立一种全新的风格去适应当今机器时代的发展。在所有的建筑都成为"机器时代的机器"时,人们开始重视房屋的基本功能,那么就应该想出办法,根据自然资源和土地情况进行规划和建设,同时考虑到阳光、空间和绿色植被等问题。

柯布西耶的大脑里完全充斥着古典的魅力,对理想城市的诠释、对自

然环境的领悟以及对传统的强烈信仰和崇敬,都相当别具一格。他用格子、立方体进行设计,还经常用简单的几何图形、一般的方形、圆形以及三角形等图形建成看似简单的模式。而其建筑模式转化为建筑实物的情况,如同艺术家在陶土的模子上进行雕刻和削减一样,通过精心的设计,在明暗光线的对比下,成功地将有限的空间最大化,并能产生良好的视觉效应。著名建筑物勒·柯布西耶中心就是他这种思路的体现。

勒·柯布西耶是我们这个时代最具影响力的建筑师,同时,也是一位著名的社会改良主义者。在考察伟大建筑、宽敞的空间、树木和雕像等方面时,他都充满了激情。他丰富多变的作品和充满激情的建筑哲学,深刻地影响了20世纪的城市面貌和当代人的生活方式。

逐梦箴言

"人生的价值,并不是用时间,而是用深度去衡量的。"勒·柯布西耶用他的成功经历,充分证明了列夫·托尔斯泰这句话。是的,社会犹如一条船,每个人都要有掌舵的准备,关键是看你选择哪个航向。柯布西耶不仅继承了传统文化的核心和精髓,又能与其他文化相互交流和融合,让建筑作品不断丰富和优化。所以说,他是现代建筑中一座无法逾越的高峰,一个取之不尽的建筑思想的源泉!

知识链接

【萨伏伊别墅】

勒·柯布西耶代表性作品:萨伏伊别墅采用了钢筋混凝土框架结构,平面和空间布局自由,空间相互穿插,内外彼此贯通。别墅轮廓简单,像一个白色的方盒子被细柱支起。水平长

建筑是一次诗意旅行

知识链接

窗平阔舒展,外墙光洁,无任何装饰,但光影变化丰富。别墅外形简单,但内部空间复杂,如同一个内部精巧镂空的几何体,又好像一架复杂的机器。

【圣约瑟大教堂】

座落在蒙特利尔皇家山顶,是世界最著名的朝拜圣坛之一。教堂建于 1904 年,号称是世界上第二大圆顶教堂,仅次于罗马的圣彼得大教堂。精雕细刻、金碧辉煌、流光溢彩,不仅是北美最大的教堂之一,也是魁北克省的三大宗教巡礼地之一,同时也是蒙特利尔最高的建筑物。

【朗香教堂】

它超常变形,怪诞神秘,如岩石般稳重地屹立山丘之上,它表现了柯布西耶后期对建筑艺术的独特理解、娴熟的驾驭体形的技艺和对光的处理能力。表现了勒·柯布西耶的非凡的艺术想象力和创造力。

【马赛公寓】

仿佛一只诺亚方舟,带着一个失落后的小世界。事实上,一方面马赛公寓拥有绝对的个人私密性,家庭的每个成员都拥有像修道士那样的小私室,每一个公寓单元都是隔音的,也都像住在山洞里一般。另一方面它与周围的水光山色保持直接的接触,同时社交的功能又被大大夸张,实际上设计了多达二十六种不同的社交空间。

■ 从紧张感中走向光影世界

"也许因为墙面是平的，它诱使人们在上面涂画。"日本建筑师安藤忠雄因为设计了"住吉的长屋"而一举成名。他认为在现代社会中，消费主义的抬头使精神渐趋没落必须加以抗拒，希望在生活中保有传统形式，并在这个基础上发展、超越，进而能创造新的文化。

安藤忠雄 1941 年生于日本大阪，一生很富有传奇色彩。他是双胞胎兄弟中的哥哥，下面还有一个最小的弟弟，由于家境贫困，童年是在木工作坊度过的。后来由于母亲曾许下誓言"第一个孩子要到娘家继承家业"，所以再稍大一些就离开了母爱的怀抱，被外婆接过去一起生活。

两个弟弟都羡慕安藤忠雄离开贫困的家庭，去过富裕的生活了，但只有他自己清楚——那只是他体味孤寂和紧张的开始。外婆是个商人，作风开明爱好自由，这是让所有小孩子都向往的，因为老人家对学校的教育采取"放牛吃草"的态度，只要过得去就行了。因此，安藤忠雄在学习上并没有太大压迫感，在学校应该是他心灵最放松的时光。

然而，童年是最想寻找安全感的年龄，母爱的缺失，在外婆这里并没有得到弥补。外婆家教非常严格，她认为能继承家业的人，具有相当高的独立性和果断性，因此她要求年幼的安藤忠雄必须做到独立自主。这种要求，不仅仅是针对平时的衣食住行、待人接物，甚至到最后演变成近乎"冷酷的教育"，让安藤忠雄多年后回忆起来，还惶恐不安。

他记忆最深的，就是有一次扁桃体发炎，接连几天高烧不退，嗓子肿得

说不出话，吃不了东西。外婆之前让他自己买药吃药，说男孩子不能太娇气，咬牙挺挺就过去了。

后来，安藤忠雄咬了好几天的牙，还是没挺过去——医生建议做扁桃体切除手术！安藤忠雄陷入极度的不安之中，他可怜兮兮地望向外婆，真希望外婆能像母亲那样冲他微笑，把他揽进怀里，抚摸着他的头安慰他。

但是少年的泪花并没有博得外婆的同情，外婆几乎是无视他的心思和期待，淡定而又坚决地告诉他，"自己走路去吧！"短短六个字，打破了小小少年对母爱的幻想，让他第一次真切地感觉到"格外悲壮"，因为他清楚地意识到，手术台是相当危险的地方，而没有亲人陪在身边，他必须"自己一个人度过这个危机……"

或许正是这样残酷的教育，让安藤忠雄更强烈地渴望逃离孤独，找回自信。于是在高二年级的时候，他出人意料地考上了拳击手专业执照，他想通过这种"毫不仰赖他人的格斗竞技"，让自己从"忍受孤寂，走向擂台，独自决一死战"，从而建立属于他的自信、坚强、独立、执拗，不惧艰辛和孤独！也正是那种在孤独中享受死亡与光荣的决绝意境，与日本的武士道精神很相似，也奠定了他的建筑作品中刚毅孤绝的气质。

少年时代的成长经历，让安藤忠雄悟出一个道理："没有紧张感，是无法做好工作的。"这种紧张感，让他在一次次拳击地后，又开始重新思考未来的出路，他问自己想做什么？又能做什么？于是他发现，他"自幼以来对制作东西感兴趣"，恰好这时，一个朋友无意中给他介绍了一份室内设计的活儿，开启了他从"做家具和室内设计到设计建筑"的人生与事业的探索之旅。

如果说那段时间，安藤忠雄还是迷茫的，那么直到20岁那样，他在书店里无意中翻阅到勒·柯布西耶的作品集时，一瞬间的直觉告诉他——"就是它了！"而柯布西耶的自学出身，让没上过大学的安藤忠雄有了自信，他购买大学建筑系的教科书，偷偷去大学旁听建筑系课程，听建筑与室内设计的函授课程，上设计学的夜校，等等。

由于确立了未来带来的发展方向，他还进行了一场"属于自己的毕业

旅行"，也就是环游日本，目的是遍览日本近代建筑巨擘丹下健三的建筑，并从中得到超乎预期的收获；另一方面，散落在日本各地的古老建筑，尤其传统民家住宅吸引着他，人类生活方式与自然融为一体的风景及丰富造型，让安藤忠雄感受到传统和静谧带来的感动。

为了更进一步了解建筑的真谛，24 岁的时候，安藤忠雄利用拳击比赛获得的奖金，开始环游世界的旅行，他认为西欧的建筑中蕴藏着"强劲的力量"，他想亲眼确认那种力量到底是什么。这一趟环球旅行历时 7 个月，从日本横滨到莫斯科，从莫斯科到芬兰、法国、瑞士、意大利、希腊，再到西班牙，最后从马赛绕经非洲到开普敦，再到马达加斯加、印度、菲律宾，最后回到日本。这场旅行实际上也是安藤忠雄的人生探寻之旅，成为日后他整个人生中"无可取代的财产"；他的坚毅、勤奋和执著，也让他获得了"没文化的日本鬼才"之称。

安藤忠雄迄今为止创作了大量建筑作品，其中最具代表性的，是《住吉的长屋》《光之教堂》《水之教堂》和《风之教堂》。在 53 岁那年，他获得建筑界最高荣誉普利兹克奖，他把 10 万美元奖金捐赠予 1995 年神户大地震后的孤儿。普利兹克宣布评审团结果时说："安藤意识中的建筑总是一种可居住的地方，而不是一片风景里的抽象设计。因此其同行们和评论家们将其称为建筑师的同时，更多地称他为建筑工就不足为奇了。这也突出了一点，即他非常看重完成他设计的建筑工艺——他要求制作和浇注混凝土结构模具是绝对精确。这样才能为他的建筑作出平整，整洁完美的构件。"

在安藤忠雄的作品中，光永远是一个把空间戏剧化的重要元素。他说，"光赋予美以戏剧性，风和雨通过他们对人体的作用给生活增添色彩。建筑是一种媒介，使人们去感受自然的存在。"这种对光的执著追求，让一代建筑大师从孤独中走向伟大，引领人们在传统和时尚中亲近平凡。

我的未来不是梦

099

逐梦箴言

"立志难也,不在胜人,在自胜"。本文的主人公安藤忠雄就是利用拳击这个方式,帮助自己走出孤寂和恐怖,勇敢地追逐着光的脚步。"海到尽头天是岸,登山绝顶我为峰",勇敢地去做你害怕的事,害怕自然随之消失;然后深窥自己的内心,你会发现,一切的奇迹——都在你自己!

知识链接

安藤忠雄重要作品:

【住吉的长屋】

位于日本大阪住吉区,设计于 1975 年,1976 年竣工,宽约 3.5m,全长约 14m、高约 6m,共 2 层,总建筑面积仅有 65 平方米,但其封闭的长方体块结构使得有限的地基得到了充分利用。住吉长屋的墙面都开有为通风的小地窗,与相邻住宅之间有 10cm 的缝隙,通过这个缝隙就可以通风,是一座没有空调装置也能舒适生活的节能型住宅,同时也起到一定的采光作用。住吉长屋的立面严格对称,不仅使建筑有均衡感,而且也让处于传统长屋区的建筑保留一定传统观念。

【水之教堂】

位于北海道夕张山脉东北部群山环抱之中的一块平地上,是专门设计的婚礼教堂,一年四季景致不同。这是一个光的盒子,天穹下矗立着四个独立的十字架。玻璃衬托着蓝天使人冥思禅意。

【光之教堂】

"我很在意人人平等,在光之教堂中,台阶是往下走的,这样牧师站的与坐着的观众一样高,这才是光之教堂的精华。"光

之教堂在安藤忠雄的作品中是十分独特的,以其抽象的、肃然的、静寂的、纯粹的、几何学的空间创造,让人类精神找到了栖息之所。

【风之教堂】

日本兵库县引神户六甲山教堂,位于山顶,从教堂内可以俯瞰大阪湾的大海景观。出于对地形的考虑,教堂呈"凹"字形,包括正厅、钟塔、"风之长廊"以及限定用地的围墙。

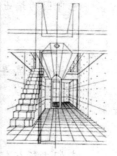

建筑是一次诗意旅行

● 智慧心语 ●

人要过一种有理念,有信念的生活。
——王澍

住房是居住的机器。
——勒·柯布西耶

也许因为墙面是平的,它诱使人们在上面涂画。 ——安藤忠雄

能够使我漂浮于人生的泥沼中而不至陷污的,是我的信心。
——但丁

我们必须相信,我们的天赋是要用来做某种事情的。
——居里夫人

以铜为镜,可以正衣冠;以古为镜,可以知兴衰;以人为镜,可以明得失。
——《旧唐书·魏征 列传》

第六章

创新是迈向成功的捷径

◎导读◎

创新是人类进步的灵魂。人之可贵就在于拥有创造性思维，现在一切美好事物，无一不是创新的结果。你可以模仿无数天才，却无法具备他们的独创精神，正如作了茧的蚕，根本不会看到茧以外的世界。因此要想真正成就某项事业，必须走出自己的路，每天创新一点点，那么离领先、收获和成功，就近一点点！

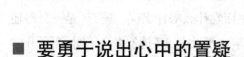

■ 要勇于说出心中的置疑

詹天佑是清末至近代铁路工程专家,中国最早的杰出爱国工程师,1861年生于广东南海。他一生最大的贡献,是主持修建了我国自建的第一条铁路——京张铁路;创造"竖进施工法"和"人"形线路,震惊中外。也因此获得了"中国铁路第一人"、"中国近代工程之父"等尊称。

少年时代的詹天佑就表现出不凡的天赋,是小伙伴心目中的"领袖人物"。所谓"领袖"的意思,不是打仗斗殴做神气活现的"小太保",而是总会萌生很多奇思妙想,带着小朋友们玩各种有趣又有意义的游戏。

詹天佑尤其对机器感兴趣,一有机会就央求大人带他去参观,回来后立刻组织小伙伴们投入到"创作"中来,用泥土制作各种机器模型,而且那些机器模型做得惟妙惟肖。只可惜,再怎么栩栩如生,那些泥土还是没有生命的,不能带动"机器"运行,不能完成詹天佑心中的很多梦想,这也成了他最大的遗憾。

天长日久的,詹天佑不甘于只是摆弄"泥土",他想做更有价值的事情,那么做什么呢?找来找去,他终于发现一个绝好的目标——家里新添的那台能自动报时的机械钟!那是父亲费尽周折才弄来的,不仅外观精美,还有好听的鸣时声,还附带着一朵能开合的花朵,好看极了。

这件被父母奉为"珍宝"的自鸣钟,立刻引起了詹天佑的好奇:只不过一个小巧的木头匣子,怎么会发出声音呢?而且更奇怪的是,每次发声的间隔都很有规律,时间到了,那个小小的指针就会对准钟正上方的花朵,那

花朵仿佛听懂了钟声召唤似的,立刻"盛开"了;然后鸣声过后,花朵又自动收敛起来,保持含苞待放的姿态,等待另一次被"召唤"。

简直太神奇了!真的是太神奇了!

少年詹天佑目不转睛地盯着那台自鸣钟,到底是哪里发出的声音呢?那声音,又是如何把花朵给"叫醒"的呢?真想打开这个木匣子,父亲说那里边有只会报时的鸟,那么鸟在里面吃什么喝什么呢?还有,是一只鸟还是几只鸟,总这样报时,会不会累啊?那朵花,又是怎么开了谢,谢了开的呢?

父亲看出儿子眼中的好奇,马上严厉地警告他:"不许碰它!碰坏了,鸟就不叫了,花就不开了!到时候,罚你站在这里报时!"

詹天佑赶紧把手缩了回来,父亲向来是说一不二的,如今对这个自鸣钟的珍爱也溢于言表,因此他实在不敢轻举妄动的。不过,他并没有因此而放弃要探究自鸣钟的决心,只要有适当的机会,一定会看个究竟。

后来有一天,父母一起外出,家里只剩下他一个人。望着父母渐远的背影,他真是既兴奋又激动,以最快的速度找来家里的工具箱,开始拆卸自鸣钟。那一刻,他感觉自己像个探索家,正在打开一个神秘的宝藏,只希望父母能在外停留得久一点,再久一点,让他把宝藏仔细看清楚……

终于,自鸣钟被拆开了,詹天佑震惊而又失望——木匣子里除了一些铁器零件,就是一些丝绳交络,根本没有一只鸟的影子啊!父亲原来也是骗人的,让自己牵肠挂肚地琢磨这么久,却又不敢碰不敢摸,只能远远地观瞧!

不过毕竟是小孩子,沮丧也只是一瞬间的事,很快他就产生另一个疑问:既然没有鸟,那鸣叫来自哪里?那朵花,是被什么力量给召唤的呢?想到这里,詹天佑立刻又来了劲头儿,开始摆弄那些构件,看那些丝绳是怎么连接起来互相牵制的,哪根丝绳带动哪个零件。

后来终于让他看出点儿门道了,可是还没来得及兴奋,父亲严厉的声音突然在耳边咆哮起来——"你在干吗?是不是把钟弄坏了?这可怎么办?这可怎么办?!"

詹天佑吓得直哆嗦,胆怯地望着父亲,然后小声回答道:"钟没坏,我只是想看看……有没有小鸟……"

听着儿子天真无邪的话,父亲忽然又有些于心不忍,这次可能是自己错了,不应该骗儿子说里面有鸟啊虫的。于是语气缓和了些,心疼地望着自鸣钟问:"真没弄坏? 那钟……还能报时吗?"

父亲态度的转变,让詹天佑忐忑不安的心放下了,指了指钟里的零件充满期待地说,"但是我弄不明白,它们是怎么变出鸟鸣的? 您能给我讲讲吗,我很想弄清楚,然后为中国人做更好的自鸣钟,超过外国人的……"

父亲无语了,想不到小小年纪,儿子竟然有如此雄心壮志,实在让他刮目相看,并且由衷地欣慰。只是,他不是钟表专家,根本无法解释清楚;但他又不能像之前那样用谎言骗儿子,思考了半晌说:"如果你真对这些感兴趣,想办法送你出洋读书吧,把那些洋道理学回来。"

就这样,1872 年也就是同治年十一年,仅 12 岁的詹天佑在父亲的努力下,背井离乡,到香港报考了清政府筹办的"幼童出洋预习班",孤身一人留学美国。这次留学经历,让詹天佑和同学们亲眼目睹北美和西欧科学技术的巨大成就,对机器、火车、轮船及电讯制造业的迅速发展,赞叹不已。有的同学由此对中国的前途产生悲观情绪,甚至是失望。但詹天佑却怀着坚定的信念说:"今后,中国也要有火车、轮船。"

带着为祖国富强而发愤学习的信念,少年詹天佑刻苦学习,于 1877 年以优异的成绩毕业于纽海文中学业。后来考取美国著名理工大学伍斯特理工,之后又相继考取耶鲁大学土木工程系,学习铁道工程学。1881 年,他以优异成绩毕业于美国耶鲁大学,并撰写题为《码头起重机的研究》的毕业论文,获学士学位。当年同去留学的 120 人中,只有他和另外一位同学获得了学位。

回国后,詹天佑情着满腔热忱准备把所学本领献给祖国的铁路事业。但是,清政府洋务派官员却过分迷信外国,在修筑铁路时一味依靠洋人,竟不顾詹天佑的专业特长,把他差遣到福建水师学堂。英雄无用武之地,詹天佑被迫改学驾驶海船,耽误了七八年。直到 1887 年,"中国铁路公司"终

于在天津成立，詹天佑才得以从事他精通的铁路工程工作，成为中国第一名铁路工程师。此时，正值天津—唐山铁路施工，詹天佑便亲临工地，工人同甘共苦，最后只用了八十天的时间，就提前竣工通车了。但是李鸿章却崇洋媚外，上奏说是英国人金达之功，这样的结果让很多中国人不满，但又没办法。

不久，一次考验让詹天佑得到认可。那是 1890 年，清政府修关内外铁路，也就是今天的京沈铁路，任命金达为总工程师。当时要造一座横跨滦河的铁路大桥，滦河河床泥沙很深，又遇到水涨急流，英国、日本、德国的承包者都惨遭失败。在此紧急时刻，詹天佑要求由中国人自己来建造。虽然对中国人很是鄙视，但由于交工期限将至，负责工程的英国人同意詹天佑来试试。詹天佑详尽分析了各国的失败原因，又对滦河底的地质土壤进行了周密的测量研究之后，决定改变桩址，采用中国传统的方法，以中国的潜水员潜入河底，配以机器操作，顺利完成了打桩任务，成功建成了滦河大桥。这一胜利，极大地长了中国人的志气，鼓舞了中国要自己建造工程的决心！

1905 年 5 月，为争夺京张铁路的修筑权，英、俄两国相持不下，清政府决定自力修筑，但缺乏信心。外国人纷纷议论，认为中国无力完成此路修筑工程。詹天佑则以为："中国地大物博，而于一路之工，必须借重外人，引以为耻！"经过多方研究，最后清政府任命詹天佑为总办兼总工程师。

詹天佑清楚地知道这一任务的艰巨性，他首先必须顶住来自各方面的冷嘲热讽：有人说他是"自不量力"，"不过花几个钱罢了"；甚至说他是"胆大妄为"。詹天佑给老师诺索朴夫人的信中就这样说："如果京张工程失败的话，不但是我的不幸，中国工程师的不幸，同时带给中国很大损失。在我接受这一任务前后，许多外国人露骨地宣称，中国工程师不能担当京张线的石方和山洞的艰巨工程，但是我坚持我的工程，我要证明中国人能行！"这样的话语，充分体现了中国知识分子的爱国主义情怀和民族责任心。

京张铁路正式开工，紧张的勘探、选线工作开始了。詹天佑亲自带着学生和工人，背着标杆和经纬仪，日夜奔波在崎岖的山岭上。一天傍晚，猛烈的西北风卷着沙石在八达岭一带呼啸怒吼，刮得人睁不开眼睛，测量队

急着结束工作,填个测得的数字,就从岩壁上爬下来。詹天佑接过本子,一边翻看填写的数字,一边疑惑地问:"数据准确吗?""差不多。"测量队员回答说。

詹天佑严肃地说:"我们的工作首先要精密,不能有一点儿马虎,大概、差不多这类说法,不该出自工程人员之口。"接着,他背起仪器,冒着风沙,又吃力地攀到岩壁上,认真地重新勘测一遍,修正了一个误差。当他下来时,嘴唇都冻青了。但詹天佑反而鼓舞大家说:"京张铁路是我们用自己的人、自己的钱修建的第一条铁路,全世界的眼睛都在望着我们,必须成功!"

然而,考验总是一个接着一个,就在正式铺轨的第一天,一列工程车的一个车钩链子折断,造成脱轨事故。这次事故自然成了"中国人不能自修铁路的铁证",各种诽谤和中伤纷至沓来,上级也给詹天佑很大压力。但他没有惊慌失措,反倒冷静地分析:此路坡度极大,每节车厢之间的连接性能稍有不固,事故就难避免。为此,他使用自动挂钩法,终于解决了这个让人头疼的问题,也让外国人忍不住点头赞许。

詹天佑在工程中,开创了新的修筑方法,彻底抛弃了当时外国人必须在路基修成之后风干一年才可铺轨的常规。同时为了缩短工期,他还想出"竖井开凿法";为了火车上山,他创造了"人"字形线路。这些方法在当时都是创新理念,即使到现在,也起着非常大的作用。

京张铁路经过工人们几年奋斗,终于在 1909 年 9 月全线通车。原计划六年完成,结果只用了四年就提前完工,工程费用只及外国人估价的 1/5。詹天佑锲而不舍地开创出全新的修筑理念,在铁路战线上与列强斗争不息,这种民族精神与科学精神,永远给后人无限启示。

逐梦箴言

"坚志而勇为,谓之刚。刚,生人之德也。"意志坚定并且勇于作为,是中国人的传统美德。詹天佑的事迹已经收入小学新课标语文书,他的精神将与他的铜像一起,代代相传。他临终前曾抱病登上长城,浩叹:"生命有长短,命运有沉升,初建路网的梦想破灭令我抱恨终天,所幸我的生命,能化成匍匐在华夏大地上的一根铁轨……"

知识链接

【京张铁路】

京张铁路连接北京丰台,经八达岭、居庸关、沙城、宣化至河北张家口,全长约 200 千米,1905 年 9 月开工修建,于 1909 年建成。是中国首条不使用外国资金及人员,由中国人自行完成,投入营运的铁路。这条铁路工程艰巨。现为北京至包头铁路线的首段。京张铁路是清政府排除英国、俄国等殖民主义者的阻挠,委派詹天佑为京张铁路局总工程师(后兼任京张铁路局总办)。2009 年是京张铁路一百年纪念,现代京张铁路沿线围绕旅游主题开发,有关方面还将京张铁路的申报文物保护单位,另外京张铁路的姊妹路京张城际铁路于 2009 年 8 月 11 日开工建设。

【詹天佑奖】

1999 年设立,全称为"中国土木工程詹天佑大奖",是中国土木工程界设立的最大奖项,又被称为建筑业的"科技创新工程奖"。此奖之所以出台于世纪之交,是因为科学技术的日新月异,要求建筑事业必须依靠不断进步和创新进行变革,从而加速当代建筑业科技创新体系的建立和健全。每两年评选一次,首届"詹天佑奖"颁发于建国 50 周年之际,共有桥梁、隧道、房建、铁路、公路、港口、市政等 21 项工程获此荣誉,囊括了 86 个参建的设计、施工和科研单位。

人生不怕起起落落

  F·L·赖特,是 20 世纪最多产和最富影响力的美国建筑师,在七十多年不寻常的职业生涯中,共设计了近一千座建筑,每一座都极具个性和想象力,同时又非常自然、质朴和实用。他走的是一条独特创新的道路,不仅是一位设计家,也是改革家、理论家和教育家,是同时代的建筑师们无可比拟的。

  赖特 1869 年出生在美国威斯新州,他在大学是学习土木工程,后来转而从事建筑。他的青年时代,是 19 世纪沃尔特·惠特曼和马克·吐温的时代,因此他的思想受这两位文学巨匠的影响很大;赖特还极力推崇中国古代哲学家老子,常引用《道德经》中"凿户以为室,当其无,有室之用"来阐述他的空间概念。他认为"美丽的建筑不只局限于精确,它们是真正的有机体,是心灵的产物,是利用最好的技术完成的艺术品。"后来,他提出的"草原式风格"和"有机建筑"理论,为建筑业开了一代先河。

  赖特的父辈在威斯康星州的山谷中耕地,他在农庄里长大,对农村和大自然有深厚的感情。他喜欢那里的一草一木,五六岁的时候,就主动跟随大人去地里干活,而且做得像模像样的。有一次祖父问他的理想是什么? 赖特指着满眼的庄稼,说将来要做个出色的农民,让农庄年年大丰收。祖父很是感伤,赖特长这么大还没有出过农庄,也难怪他的目标就是眼前的庄稼地了。

  后来祖父坐下来,给赖特讲农庄外面的故事,说那里有比庄稼地更广

阔的世界,有比种庄稼更有价值更有挑战性的工作。祖辈父辈两代人困在农庄没什么前途了,但赖特一定要树立个远大的目标,要走出农庄,为家族开辟一个新局面。

小赖特想象着祖父说的"外面的世界",想像着那里的高楼林立、车水马龙、人头攒动,心里却并不十分向往。他天真而又认真地对祖父说,他喜欢农庄里的一切,安静自由,多好啊。祖父脸色严肃起来,带着"恨铁不成钢"的语气责备道:"井底之蛙,简直就是井底之蛙!几代人的希望都寄托在你的身上,你的目光怎么如此短浅?没出息!"

这还是祖父第一次对他发脾气,小赖特很害怕,但也有个疑问——为什么一定要去外面的世界?在农庄里耕地种田,有什么不好呢?后来祖父为了让他改变思想,便命令赖特的父亲带着他出了农庄,亲自感受一下外面世界的繁华。那次经历,让小赖特有些措手不及,他实在没想到,"外面"会那么大;实在没想到,"外面"会那么丰富多彩!几乎所有的东西,都是农庄里没有见到过的,让小赖特目不暇接。

回到农庄后,祖父再次问赖特将来的理想是什么?小赖特怯生生地回答:"长大后我……想在咱们农庄,盖出外面那些……漂亮的大房子……"

什么?转来转去,还是没离开农庄?祖父很失望,刚要发作,却碰到了小赖特写满憧憬的眼神,这样的眼神,让祖父被深深地触动了一下。这孩子的目光有一种坚定的东西,是他作为长辈一直想看到的。只是,在农庄里盖大房子,说来说去都很荒唐啊,一是根本实现不了,二是即使盖成了又如何?还不是农庄?

祖父不理解那种东西究竟是什么,也不能接受小赖特狭隘的理想,因此下令把小赖特关起来惩罚,什么时候他的理想远大了,什么时候放他出来!祖父其实也是想吓唬吓唬他,不想让他做井底之蛙,将来整个家族的兴衰,几乎都寄托在赖特一个人身上了。

连续三天,小赖特就在黑屋子里度过,除了吃饭和上厕所时有片刻的自由。开始的时候他很害怕,也呜呜地哭过,但后来恐惧感慢慢被一种憧憬替代,小赖特讨厌困住自己的老式房子,他幻想有一天把它翻盖成多功

能的大房子,可以吃饭、睡觉、学习、玩耍,自由自在多好啊!

自此,小赖特坚定了这个信念,他脑海里有一个相当奇特的想法,喜欢那些造型独特的建筑。但大城市的繁华让人感到烦躁不安;所以,他想把那些房子搬到农庄来。后来爸爸说,房子是不能搬的。因此,小赖特才会想到盖房子,就在自己的农庄里盖外面的各种建筑,然后自由自在无拘无束地生活……

也是为了这个信念,赖特后来走出了他依恋的小农庄,到外面的世界学习各种知识。经过多年的努力,战胜很多困难,1911年终于实现了梦想——在家乡这块土地上,建造了一处居住和工作的总部"塔里埃森",这个名字是祖辈给家乡这块土地起的。在绿树丛中隐蔽着一座恬静的庭院,房屋环绕着低而长的屋檐,既和外界隔绝,又融合在大自然之中。当赖特80岁的时候,谈到这一点还兴奋地说:"在塔里埃森,我这第三代人又回到了土地上,在那块土地上发展和创造美好的事物"。这段话,充分体现赖特对祖辈和土地的眷恋之情。

赖特对现代大城市持批判态度,很少设计大城市里的摩天楼;对于建筑工业化不感兴趣,一生中设计最多的是别墅和小住宅。他将保留着美国民间建筑的传统,又突破了封闭性,它适合于美国中西部草原地带的气候和地广人稀的特点,赖特这一时期设计的住宅建筑被称为"草原住宅",虽然他们并不一定建造在大草原上,却充分显示出他的革新胆识和卓越才能。

当时,美国自国外涌入大量移民,经济危机频仍,社会剧烈动荡,与自然相融合的"草原住宅",颇能满足一些中产者对平静单纯生活的憧憬,赖特因之声誉鹊起。流风所及,美国中西部出现不少类似住宅,在建筑界形成草原学派。

赖特身上有着太多的想像力,他的团队在亚利桑那州山脚下修建起来的西塔里埃森,就是一处建筑方式很特别的冬季住所。这是一组不拘形式、充满野趣的建筑群,它同当地的自然景观浑然一体,仿佛在沙漠里生长的植物,质朴而充满生命力,充分体现了赖特超卓的想象力。

按赖特自己的话说:"西塔里埃森是一个对世界的展望。"这是一个对

沙漠建筑体系的大胆尝试。在随后的 20 年中,西塔里埃森一直是赖特的建筑实验室。赖特在那里尝试他设计的最新建筑方案、结构方案和建筑的细部做法。西塔里埃森作为赖特多年来的冬日营地,他和他的设计团队设计并建造了他们自己的家、商店、学校和工作室,所有这些都反映出生动的沙漠生活的特色。

或许每个人的生命都会有起起落落,赖特也不例外,他的创新和想像力,开始被一些人置疑。有人说,他只配做 20 世纪建筑界的一个浪漫主义诗人,而他的建筑成就不能到处被采用,简直是"即将被时代抛弃的建筑大师"。自此,赖特的事业陷入了低谷。

然而,就是在这样的境况下,已迈进老年的赖特依然不肯服输,心中还装着童年那些美好的蓝图。像当年祖父关他小黑屋时一样,赖特把自己关闭在房间里,勾勾画画,期待重新爆发。终于有一天,"流水别墅"的雏形在脑中孕育而出,赖特描述这个别墅是"山溪旁一个峭壁的延伸,生存空间靠着几层平台而凌空在溪水之上——珍爱这个地方的人就在平台上,沉浸于瀑布的响声,享受着生活的乐趣。"

这座"流水别墅"成为赖特永远令人赞叹的神来之笔,让他在近 20 年的低潮期后,奇迹般地爆发了创作灵感。就如同美国艺术复苏那样充满了戏剧性,赖特在 70 岁高龄又得到无数赞叹和荣誉:1939 年春,赖特在应邀到英国讲学期间,被授予英国皇家建筑师协会荣誉会员,从而承认了这位土生土长的、从来没有受到过正统建筑教育的建筑师;1941 年,赖特荣获英国皇家建筑师协会金牌奖,随后在 1949 年又获得了美国建筑师协会的奖章;1956 年,芝加哥市把 10 月 17 日命名为"芝加哥赖特日"以此来纪念赖特在建筑领域所取得的成就。

赖特一直认为,像民间传说和民歌那样产生出来的房屋,比不自然的学院派头更有研究价值。他盖房子就像在叠积木,尝试做各种开头的建筑实验:长方形、四方形、菱形、三角形、八角形等,然后扭转,压扁,拉细,切片,变成他想要的任何形式的建筑。赖特的创新精神和顽强品格,早年影响过欧洲,今天仍鼓舞着世界各地的建筑师们。

逐梦箴言

　　"有志者,能使石头长出青草来。"本节故事里的主人公赖特,以其跌宕起伏的一生,在峭壁上创造了惊世之作"流水别墅"。有人说,天才的主要标记不是完美而是创造,天才能在起起伏伏的人生中找到突破口,从而打开创新的局面。赖特用亲身经历告诉我们:把意念沉潜得下,何理不可得,把志气奋发得起,何事不可做?

知识链接

【流水别墅】

　　流水别墅是现代建筑的杰作之一,位于美国匹兹堡市郊区的熊溪河畔,由 F · L · 赖特设计。别墅主人为匹兹堡百货公司老板德国移民考夫曼,故又称考夫曼住宅。是建于 20 世纪的最上镜的、被拍摄得最多的私人住宅,每年都有超过 13 万的游客访问。

　　别墅共三层,面积约 380 平方米,以二层(主入口层)的起居室为中心,其余房间向左右铺展开来,别墅外形强调块体组合,使建筑带有明显的雕塑感。两层巨大的平台高低错落,一层平台向左右延伸,二层平台向前方挑出,几片高耸的片石墙交错着插在平台之间,很有力度。溪水由平台下怡然流出,建筑与溪水、山石、树木自然地结合在一起,像是由地下生长出来似的。

　　别墅的室内空间处理也堪称典范,室内空间自由延伸,相互穿插;内外空间互相交融,浑然一体。流水别墅在空间的处理、体量的组合及与环境的结合上均取得了极大的成功,为有机建筑理论作了确切的注释,在现代建筑历史上占有重要地位。

我的未来不是梦

【老子《道德经》】

老子，又称老聃、李耳，汉族，春秋时期楚国苦县厉乡曲仁里人，中国古代哲学家和思想家，道家学派创始人。其被唐皇武后封为太上老君，世界文化名人，世界百位历史名人之一，存世有《道德经》(又称《老子》)。其作品的精华是朴素的辨证法，主张无为而治，其学说对中国哲学发展具有深刻影响。在道教中老子被尊为道祖。

【沃尔特·惠特曼】

1819 年 – 1892 年，生于纽约州长岛，他是美国著名诗人、人文主义者，他创造了诗歌的自由体，其代表作品是诗集《草叶集》。

【马克·吐温】

1835 年 – 1910 年，原名萨缪尔·兰亨·克莱门，是美国著名的幽默大师、小说家、作家，也是著名演说家，19 世纪后期美国现实主义文学的杰出代表。曾被誉为"文学史上的林肯"，其代表作《百万英镑》获得爱斯洛文学奖。

■ 不必太在乎自己的平凡

扎哈·哈迪德是建筑界的一个传奇。有人说她是个疯子,有人说她是异类人物,还有人说她是特立独行的建筑师。无论如何,她被为誉为世界最优秀的"解构主义大师",2004 年,她也成为第一位获得普利兹克奖的女性建筑师。

1950 年,扎哈·哈迪德出生于伊拉克首都巴格达,从小便迷恋波斯地毯繁复的花样,借由织工的双手,波斯地毯将现实转化为交缠丰富的世界,让少年哈迪德既羡慕又佩服。她也幻想着某一天,能用自己的双手编织出神奇和美丽。

不过,这样的幻想被很多同学耻笑,说她只不过是平凡得不能再平凡的小丫头罢了,如何创造神奇?小哈迪德不服气地说,织地毯的大多是女工,她们能让波斯地毯闻名于世,为什么自己不能?

但是大家根本不理解,有一个年龄稍大些的同学嘲笑说:那些女工只会机械地织啊织的,根本不算真本领;有真本领的人,是设计师,要给女工们设计出漂亮的图案才行。你哈迪德连图画课都上不好,就别做梦了!

在大家的嘲笑声中,哈迪德坐在操场最偏僻的角落里,又悄悄地哭了。她想起前几天的图画课上,老师让大家画一朵自己认为最美丽的花,然后哈迪德冥思苦想,勾画出一种自认为神奇的花朵。结果这朵自创的花,立刻引起全体同学的哄笑,大家疯狂地抢来抢去,笑她是一个疯丫头,最后还没传到老师手里,就已经被撕成了碎片……

回想起这些,哈迪德伤心极了,抱着双肩把头埋起来,无声地啜泣着。

没错,同学们说的没错,自己真的是一个平凡得不能再平凡的人啊,连一朵花都画不好,还奢望什么地毯什么奇迹呢? 前所未有的沮丧,让哈迪德开始对自己失去信心,包括那个编织美丽地毯的梦想!

正在这时,耳边突然响起一个温和的声音,"孩子,你怎么了? 为什么如此伤心?"

哈迪德抬起头,原来是班主任老师不知道什么时候来到身边,此刻正心疼地望着她。老师的眼神里充满了母爱的温柔,还带着一种鼓励和安慰。哈迪德觉得自己找到了倾诉的对像,泪水哗哗地往下淌,情不自禁地把几天来受到的委屈,一股脑全讲了出来,然后可怜兮兮地问:"老师,我是不是真的错了? 平凡的人,是没有资格拥有梦想的,是吗?"

老师终于听明白了,这个小女生是被同学们的嘲笑声吓到了,因而对生活、对自我乃至对梦想,都失去了信心。老师坐到哈迪德身边,像母亲那样将她搂进怀里,然后温柔地说:"孩子,我能看得出来,你此刻很不快乐。但是你要知道,每个人其实都是平凡的,即使再成功的人或者天生就是天才的人,他的内心也应该是平凡的。只有平凡的心,才能体会到真正的快乐!"

是这样吗? 成功的人,天才的人,也很平凡吗? 但是为什么大家都那么尊重他们,而自己的同学们,却总是嘲笑自己呢? 哈迪德不太相信老师的话,"平凡"两个字仿佛就是嘲笑的另一种说法,哈迪德实在不能将这两个字跟快乐联系到一起。

老师看着哈迪德,声音更加温和,"托尔斯泰曾经说过,最伟大的真理是最平凡的真理;所以我们也可以这样说,最伟大的快乐是最平凡的快乐。因此,平凡并没有什么可怕的,可怕的是不能超越平凡,明白吗?"

超越平凡? 要如何超越呢? 小哈迪德似懂非懂,有些不解又有些期待地望着自己的老师,"我是个平凡的人,能超越吗? 老师,我想做个不平凡的人……"

老师语重心长地开始引导哈迪德,因为她从哈迪德的眼中,看到了一种不甘于平凡的坚强,直觉告诉她,这孩子将来肯定会有大出息,"你喜欢那些美丽的图案,可是你知道那些图案是怎么出来的吗? 单单有织工是不

够的，必须要有特立独行的设计师，才能让织出的物品别具一格。"

原来真的是这样啊，那么之前嘲笑自己的那位同学，并没有说错。看来自己的梦想真的是奢望，连普通的图画都画不好，唉……哈迪德眼中刚刚燃起的希望，瞬间又黯淡下来，默默地低下头，不吭声了。

"智慧源于勤奋，伟大出自平凡，孩子，要对自己有信心！"老师拍拍哈迪德的手，继续鼓励道，"达·芬奇小时候连鸡蛋都画不好，但是他经过勤奋和努力，最后成了世界著名画家，《蒙娜丽莎》的微笑感动着所有人。孩子，如果你真的想创造奇迹，那就必须先走出心灵的误区，不要太在乎自己的平凡，好吗？"

老师的话终于打动了哈迪德，《蒙娜丽莎》那幅画她看到过，但是她还是不相信自己能突破平凡，创造奇迹。"真的吗，老师？如果我有信心，如果我努力，真的能成为好画家吗？那么老师您现在开始教我吧，我一定勤奋学习！"

从哈迪德略带疑问同时又很坚定的话语里，老师看到了未来，"机会是留给有准备的人的，你要时刻激励自己努力学习有用的知识，不一定只局限在画画上，也不一定只局限于织地毯上。外面的世界很大，机会也很多，相信总有一天我会成功的！加油吧！"

就这样，老师的话给哈迪德树立了信心，她从此后再也没有自卑过，同时投入到各种学习中，希望勤奋能带给自己智慧。

功夫不负有心人，1972年，她进入伦敦的建筑联盟学院AA学习建筑学，1977年获得硕士学位，她的理想也从小时候的编织地毯，最终定位在建筑事业上来。并且，她在香港、柏林、杜塞尔多夫等况图大赛中，均获得一等奖，获得广泛赞誉；于1983年开始，她在AA建筑学院展出大型绘画回顾展，此后其绘画作品一直在世界各地展出。哈迪德的作品还被众多机构，如纽约现代艺术博物馆和法兰克福德意志建筑博物馆作为永久收藏品收藏。

多方位出击的哈迪德走着理论学术研究与设计实践并重的路子，她的实践几乎涵盖所有的设计门类。她的作品并非全然地西化与现代性，也并未发明新的构造或技术，而是以新的诠释方法创造了一个新世界。以拆解

119

题材和物件的方式，找出现代主义的根，塑造了全新的景观，任由观者遨游。她的设计一向以大胆的造型出名，被称为建筑界的"解构主义大师"。这一光环主要源于她独特的创作方式。她的作品看似平凡，却大胆运用空间和几何结构，反映出都市建筑繁复的特质。

1993 年，哈迪德推出成名作——德国莱茵河畔魏尔镇的一座消防站。在它的建筑方案出台、尚未实施之际，由于其充满幻想和超现实主义风格而名噪一时。她的另一个比较有名的作品，是她独立设计的美国辛辛那提罗森塔尔现代艺术中心。这幢 8 层高的建筑像一个精巧的方盒一层一层搭建在玻璃底座上，被《纽约时报》誉为"田园绿洲"。

此外，法国斯特拉斯堡的一个停车场以及奥地利因斯布鲁克的滑雪场等，也使哈迪德名扬四方；中国首都北京地标建筑银河 SOHO 和广州歌剧院，也让中国认识了哈迪德。她还完成了很多家具创作和内部装饰，将新的认知转化为现在造型的重组，充满梦幻的线条。

"我自己也不晓得下一个建筑物将会是什么样子，我不断尝试各种媒体的变数，在每一次的设计里，重新发明每一件事物。建筑设计如同艺术创作，你不知道什么是可能，直到你实际着手进行。当你调动一组几何图形时，你便可以感受到一个建筑物已开始移动了。"这是哈迪德对自己创作理念的诠释。

然而，成功的道路从来都不是一帆风顺，时至今日，在已经生活多年的伦敦，仍未有一件哈迪德的作品问世。很多人一致认为哈迪德的设计富于动感和现代气息，但也正因为这两个原因，无法付诸实施，甚至一度说她是"纸上谈兵"。在这样的压力下，哈迪德想起了小时候被嘲笑的事，也想起了老师的话语——"不要太在乎自己的平凡，超越自己，就会成功！"

付出总有回报，坚持就会胜利——2004 年 3 月 21 日，哈迪德以作品台湾台中古根汉美术馆，获得普利兹克建筑奖。此次蟾宫折桂让她创下了两个之最：该奖项创立 25 年来第一位女性获奖者，而且还是最年轻的获奖者。在男性一统天下的建筑业，哈迪德能够取得如此辉煌的成就，凭的全是多年的不懈努力和"英雄式的奋斗"，她终于自豪地笑了！

逐梦箴言

　　幸福的泪由劳动的汗水酿成；失望的泪只有用奋斗才能抹去。扎哈·哈迪德在战胜自我、超越平凡的路上，付出很多努力，最终取得举世瞩目的成就。她的故事告诉我们：若想取得进展，就意味着承担风险；如果不迈出第一步，就永远无法走出第二步。"走自己的路，让别人说去吧"，不要太在乎自己的平凡，这样才能体会到最超然的快乐！

知识链接

【北京银河 SOHO】

　　SOHO 中国旗下的银河 SOHO 位于北京内城罕有的大型地块，由扎哈·哈迪德担纲设计，为北京城市中心的地标性建筑，给北京的天际线带来巨大的冲击力。这是一个占地 5 万多平方米、总建筑面积 33 万平方米、集商业办公于一身的大型综合项目。银河 SOHO 使用了多项绿色建筑的先进技术，比如高性能的幕墙系统、日光采集、百分之百的地下停车、污水循环利用、高效率的采暖与空调系统、无氟氯化碳的制冷方式以及优质的建筑自动化体系。

【列奥纳多·达·芬奇】

　　1452 年-1519 年，意大利文艺复兴三杰之一，也是整个欧洲文艺复兴时期最完美的代表。他是一位思想深邃，学识渊博，多才多艺的画家、寓言家、雕塑家、发明家、哲学家、音乐家、医学家、生物学家、地理学家、建筑工程师和军事工程师。他是一位天才，一面热心于艺术创作和理论研究，研究如何用线条与立体造型去表现形体的各种问题；另一方面也同时研究自然科学，为了真实感人的艺术形象，他广泛地研究与绘画有关的光学、数学、地质学、生物学等多种学科。他的艺术实践和科学探索精神，对后代产生了重大而深远的影响。其代表画作《蒙娜丽莎》，被法国政府保存在巴黎的卢浮宫供公众欣赏。

我的未来不是梦

■ 心有多大舞台就有多广

伦佐·皮亚诺是意大利当代著名建筑师，1998年第二十届普利兹克奖得主。因对热那亚古城保护的贡献，他还获选联合国教科文教卫组织亲善大使。他出生在热那亚，目前仍生活并工作在这座古城。

皮亚诺注重建筑艺术、技术以及建筑周围环境的结合。他的建筑思想严谨而抒情，在对传统的继承和改造方面，大胆创新勇于突破。皮亚诺的作品范围惊人，从博物馆、教堂到酒店、写字楼、住宅、影剧院、音乐厅以及空港和大桥。在他的作品中，广泛地体现着各种技术、各种材料和各种思维方式的碰撞，这些活跃的、散点式的思维方式，是一个真正具有洞察力的大师所要奉献给全人类的礼物。这是20世纪乃至前几个世纪的大师们的共同理想。

1937年9月，皮亚诺出生于意大利热那亚一个建筑商世家，他的祖父、父亲、四位叔伯和一个兄弟，都是建筑商人。这样的家族环境，让他从小就有机会接触建筑工地，看着那些沙石泥土怎样一点点神奇地堆积起来，然后变成一间间房屋、一座座桥梁，皮亚诺惊诧不已。有时候趁大人不注意，他还会淘气地在工地上攀来爬去，顾不得满身被弄得脏兮兮的，希望能身临其境，触摸那些建筑艺术与材料。

父辈们最初都很高兴，因为皮亚诺对建筑材料的热爱，说明他对这个行业有灵性，很可能在他身上，把家族事业发扬光大。但是皮亚诺继承了工匠世家深厚的家学和传统，也继承了天性和勤奋，但却没有继承建筑商这个行业，而是选择做建筑师。

　　家里所有人都反对。皮亚诺说，如果能用他的建筑理念和热情，变出一座座新型建筑，其实正是圆了整个家族的建筑梦想，这是一个有着历史意义的决定，是整个家族事业的飞跃，有什么不好呢？

　　家人还是不愿意让他去冒那个险。因为传统的家长观念认为，家族已经为后辈设计了发展模式，后辈只要沿着那条路走下去，定会丰衣足食；否则，就是走弯路，离成功越来越远。没有哪个长辈愿意眼睁睁看着孩子走弯路的，他们希望一脉相承，从商到底。

　　但是皮亚诺认为，什么东西不尝试一下，怎么能知道是成功还是失败呢？如果你自认被打败，那是真的失败；如果你自认不敢，你便的确不敢；如果你想赢却认为自己不行，机会就从指尖溜走。皮亚诺坚信，心有多大，舞台就有多大，他要走出跟家族事业不一样的路。

　　"伟大的梦想让成就随之成长，渺小的希望让你永落人群之后。"皮亚诺最后说服了家人，如愿以偿去学建筑学，并于 1964 年从米兰科技大学获得建筑学学位后，开始了他喜欢的建筑师职业生涯。

　　然而万事开头难，由于皮亚诺出道后一直坚持自己特立独行的风格，不愿意墨守成规，拾人牙慧，导致最初的一系列设计方案并没有被认可和采用。不过皮亚诺从不气馁，始终偏爱开放式设计与自然光的效果，注重建筑艺术、技术以及建筑周围环境的结合。他的建筑思想严谨而抒情，在对传统的继承和改造方面，大胆创新勇于突破。他想用现代主义的表现手法，实现先辈大师如达·芬奇、米开朗基罗同样深远的理想——人、建筑和环境完美的和谐，并以热诚的态度关注着建筑的可居住性与可持续发展性。

　　1969 年，皮亚诺终于得到了第一个重要的设计项目：位于日本大阪的工业亭。这个设计吸引了许多赞赏的目光，包括一位年轻的法国建筑师理查德·罗杰斯。1971 年，两个人合作参加巴黎的蓬皮杜中心国际竞赛，最终赢得竞赛，也让他们同时得到建筑界的认可。活泼靓丽、五彩缤纷的通道，加上晶莹透明、蜿蜒曲折的电梯，使得蓬皮杜中心成了巴黎公认的标志性建筑之一。

　　自蓬皮杜项目之后，皮亚诺以他层层叠叠的建筑图纸营造了世界性的

我的未来不是梦

123

声誉，日本、德国、意大利和法国都有他大胆的商业性和公共建设项目，他设计的博物馆更是让人望尘莫及。在奔向成功的道路上，皮亚诺始终相信梦想是价值的源泉，相信眼光决定未来的一切，相信信念比成功本身更重要，相信人生有挫折没有失败，相信生命的质量来自创新和坚持。

皮亚诺的创新和想象力，在他的作品里得到充分的展示。他的建筑作品根本没有一个固定的模式，也就是说，他的作品识别标志是它们没有识别标志。他的作品也没有浮夸的表情，而是透露出温暖的人文精神，执着地关心着天空、大地和人的内心。他曾经这样诠释自己的创新理念，其实也可以算作他的人生信念——

"我们在一年年的时光流逝中，渐渐远离了战争的恐惧，我属于终其一生不断尝试新方法的那一代人，什么清规戒律、条条框框都不放在眼里。我们喜欢推倒一切重来，不断地冒险，也不断地犯错误。但同时，我们也热爱我们的过去。所以，一方面我们对过去充满了感激，另一方面又对未来的尝试与探险充满了热情。因此我们乘风破浪，永无止息地超越过去。"

如今，70岁高龄的皮亚诺，把一个工作室建筑在家乡热那亚的旁蒂·内乌台地上，那是在大海与山岩之间有着蝴蝶翅膀般屋顶的半岩半船形建筑，亦是他心灵宁静的港湾，理想的起点和源泉；而另一个工作室则在巴黎马莱区，他在那里体会活跃的生活和时代的律动。皮亚诺在热闹与清静中思考，在严谨与写意间创作，在理性与情感中相交，在创新的舞台上自由飞翔。

逐梦箴言

"知识给人重量，成就给人光彩，大多数人只是看到了光彩，而不去称量重量。"在皮亚诺的身上我们看到，任何一种成功都不是唾手可得的，成功缘自知识的积累，创新的理念和持之以恒的精神。"充满着欢乐与斗争精神的人们，永远带着欢乐，欢迎雷霆与阳光。"皮亚诺对梦想的不懈追求，让工作成为一种乐趣，让生活变成心灵的舞台。

知识链接

【乔治·蓬皮杜国家艺术文化中心】

皮亚诺主要建筑作品:乔治·蓬皮杜国家艺术文化中心坐落在巴黎拉丁区北侧、塞纳河右岸的博堡大街,法国国家级的文化建筑,当地人常简称为"博堡"。设计新颖、造型特异,是已故总统蓬皮杜于 1969 年决定兴建的,由皮亚诺设计,1972 年正式动工,1977 年建成,同年 2 月开馆。整座建筑占地 7500 平方米,建筑面积共 10 万平方米,地上 6 层。整座建筑共分为工业创造中心、大众知识图书馆、现代艺术馆以及音乐音响谐调与研究中心四大部分。

【关西国际机场】

皮亚诺主要建筑作品:关西国际机场,简称关空,位于日本大阪湾东南部的泉州海域离岸 5 公里的海面上, 由皮亚诺设计。初设置时曾被称为关西新空港,别名泉州空港,但现在这些名称已不使用。关西国际机场是阪神地区的主机场,距离大阪市的市中心只需 1 小时的车程。机场的建设与运作由 1984 年 10 月 1 日所设立的关西国际机场公司负责。关西国际机场是日本建造海上机场的伟大壮举,是日本人围海造地工程的杰作。机场 1994 年夏季已投入使用,整个机场酷似一个绿色的峡谷,一侧为陆地,一侧为海洋。

【米开朗基罗】

全名米开朗基罗·迪·洛多维科。雕塑家、建筑师、画家和诗人。他与列奥纳多·达·芬奇和拉斐尔并称"文艺复兴三杰",以人物"健美"著称,即使女性的身体也描画得肌肉健壮。米开朗基罗脾气暴躁,不合群,和达·芬奇与拉斐尔都合不来,经常和他的恩主顶撞,但他一生追求艺术的完美,坚持自己的艺术思路。他于 1564 年在罗马去世,他的风格影响了几乎三个世纪的艺术家。小行星 3001 以他的名字命名。其事迹见《米开朗琪罗传》。

我的未来不是梦

125

● 智慧心语 ●

路漫漫其修远兮,吾将上下而求索。　　　　　　　　——屈原

严格地说,想象力是科学研究的实在因素。　　　　——爱因斯坦

土生土长是所有真正艺术和文化的必要的领域。

——F·L·赖特

当我活着,我要做生命的主宰,而不是它的奴隶。

——沃尔特·惠特曼

一个没有创新能力的民族,难以此立于世界先进民族之林。

——江泽民

各出所学,各尽所知,使国家富强不受外侮,足以自立于地球之上。　　　　　　　　　　　　　　　　　　　　——詹天佑

不要放弃你的幻想。当幻想没了以后,你还可以生存,但虽生犹死。　　　　　　　　　——马克·吐温

第七章

坚持不懈会让梦想闪光

◦导读◦

　　人的一生贵在坚持！坚持，有时候说起来容易，做起来难，往往就在最后一步，很多人选择了放弃，结果与成功和幸福失之交臂。譬如一块石碑，一处拱桥，一方斜塔，或者一座宫殿，只有经得起千百年的风霜洗礼，才能诠释一个又一个超越自然的神话！

■ 最后一把钥匙打开了门

很多人认为，现代设计的诞生标志应该归于"包豪斯"的成立。这是世界上第一所完全为发展现代设计教育而建立的学校，"包豪斯"名字的由来，是创始人瓦尔特·格罗皮乌斯硬生生造出来的。不过造这个词语的时候，格罗皮乌斯只是取其字面意思"盖房子"，并未想到这一创举，会对世界现代设计产生怎样深远的影响。

《包豪斯宣言》是这位包豪斯创办者兼校长格罗皮乌斯在 1919 年 4 月写的，它的主导思想是"我们都应该回到工艺上去"，他盼望着"未来的新结构，这种新结构将像一种新信念的水晶那样，通过工人的手伸向天空"。在格罗皮乌斯看来，艺术家和工匠之间并没有本质的不同，虽然艺术无法教会，不过工艺和手工技巧是能够传授的。

瓦尔特·格罗皮乌斯 1883 年生于德国柏林，他的父亲也是一位建筑师，从小他就受到父亲的影响，对建筑非常感兴趣。父亲也愿意把自己的知识传授给儿子，希望将来他能子承父业，在建筑领域有所作为。格罗皮乌斯按照父亲的希望发展着，他勤奋读书，有时候还跟父亲一起去建筑工地，亲眼看看工人师傅是如何工作的。

有一次，父亲跟工人吵了起来，起因是父亲设计的图纸被工人给弄丢了，结果工程出现了差错。虽然那位工人解释再解释，也没有得到父亲的谅解，因为图纸就是一个工程的命根子，一个失误就可能功亏一篑。父亲甚至责备那个人，大脑是做什么用的，难道图纸丢了，不会用脑袋想想吗？

那个工人也很委屈,他认为自己是体力劳动者,父亲完全不应该用脑力劳动者的标准去苛求他。最后那个工人把手中的工具扔过来,理直气壮地让父亲自己干活,看看他这位脑力劳动者能不能胜任体力工作? 如果不能,就不要以为脑力劳动者有多伟大,离开体力劳动,再完美的梦想也实现不了!

至于争吵是如何结束的,格罗皮乌斯记不清了,但工人的话却触动了他,第一次意识到大工业中艺术与技术的矛盾如此突出。正是缘于那次心灵的震撼,后来从事建筑业之后,格罗皮乌斯的理想一直非常明朗而且从未改变过,那就是——"手工艺将是这些艺术家的救星,艺术家将不再是手工艺的旁观者,将是他们的一分子!"

格罗皮乌斯一直坚信,必须有一种崭新的设计观念来影响德国的建筑界,否则任何一个建筑师都无法实现他心中的理想。抱着这样的信念,在第一次世界大战最艰难的日子里,他把筹建一所能把艺术和工艺综合为一体的学校作为理想,并努力使那个年代最先进的思想能够廉价地传达给每一个人。用最简朴的话说,那就是希望最普通的工人,也能理解图纸上画的东西大概是怎么一回事。

然而战争带给人们的不止是贫困和艰难,还有思想意识上的混乱。作为一个柏林人,他当时梦想着在柏林有一所艺术学校,而不是在魏玛——这个与歌德、席勒、李斯特和尼采的名字联系的地方。这就是历史,并不因为个人的意愿而改变,在无产阶级革命的前夜,由一个柏林人设想出了包豪斯学院。

任何事情的发展都不可能是一帆风顺的,当时战争刚刚结束四个月,整个欧洲大局势都不太乐观,那么这所国立建筑工艺学校的成立,不仅吸引了关注 20 世纪现代设计理念的人,自然也引起了保守势力的敌视。真的是举步维艰,想拓开领域有所发展,实在不是件容易的事情。父亲曾经劝他放弃所谓的理想,脚踏实地做建筑算了。因为很多创新的东西在被认知之前,都需要一个太过漫长而曲折的过程,父亲不希望儿子的一生都是在失败中度过。并且,这种失败很可能成为别人的笑柄,笑他不切实际……

格罗皮乌斯没有被吓倒,他告诉父亲自己一定会坚持下去,因为他坚

信:"伟大变为可笑只有一步;但再走一步,可笑又会变为伟大。"他一定要建立那样一所学校,为现代建筑设计指引一个明确的方向。梦想无论怎样模糊,总潜伏在人的心底,使心境永远得不到宁静,直到这些梦想成为事实,对于格罗皮乌斯就是这样。

终于在 1925 年 4 月 1 日,包豪斯在德国东部的德绍正式开学,从这时起,学院开设了平面构成、立体构成、色彩构成等课程,为现代建筑设计的教学模式和科学发展奠定了基础。与传统学校不同,包豪斯拥有一系列的生产车间,学校里没有老师和学生的称谓,互相称师傅和徒弟。格罗皮乌斯引导学生如何认识周围的一切:颜色、形状、大小、纹理、质量;他教导学生如何既能符合实用的标准,又能独特地表达设计者的思想;他还告诉学生如何在一定的形状和轮廓里使一座房屋或一件器具的功用得到最大的发挥。

1932 年,格罗皮乌斯的包豪斯举办了首届展览会,设计展品从汽车到台灯,从烟灰缸到办公楼,展览会最热情的观众是遍布欧洲的各大厂商,实业家们已经预感到了这种仅以材料本身的质感为装饰、强调直截了当的使用功能的设计,将给他们带来巨大利益,因为一旦这样的设计被实施生产,成本降低了而成效却会百倍地提高。

格罗皮乌斯的包豪斯学校及校舍,令 20 世纪的建筑设计挣脱了过去各种主义和流派的束缚。虽然后来由于种种原因,包豪斯被关闭过,但如今,时代的发展验证了格罗皮乌斯极其出色的预见性——"在艺术家、工业家和技术专家之间建立一种伙伴关系,根据时代的精神把他们组织起来,他们最终有可能取代一切旧有的劳动要素。"格罗皮乌斯的成功之路告诉我们:达到目标的秘诀,就是坚持!

逐梦箴言

"常常是最后一把钥匙打开了门"。人的一生有很多路可以选择,关键是看选择后你如何走下去。涓滴之水终可以磨损

大石，不是由于它力量强大，而是由于昼夜不舍的滴坠——这是坚持的力量。故事的主人公格罗皮乌斯就是坚持不懈的典范，无论战乱还是和平，他都没有放弃过梦想，努力着，试验着，追逐着，给每个人、每个地方带来无限美好的生活。

知识链接

【包豪斯校舍】

1926 年在德国德绍建成的一座建筑工艺学校新校舍。总建筑面积近万平方米，主要由教学楼、生活用房和学生宿舍三部分组成。运用现代建筑设计手法，从建筑物的实用功能出发，按各部分的实用要求及其相互关系定出各自的位置和体型。通过简洁的平屋顶、大片玻璃窗和长而连续的白色墙面产生的不同的视觉效果，更给人以独特的印象。该校舍以崭新的形式，与复古主义设计思想划清了界限，被认为是现代建筑中具有里程碑意义的典范作品。

【包豪斯的历史贡献】

（1）强调集体工作方式，用以打破艺术教育的个人藩篱，为企业工作奠定基础。（2）强调标准，用以打破艺术教育造成的漫不经心的自由化和非标准化。（3）设法建立基于科学基础上的新的教育体系，强调科学的、逻辑的工作方法和艺术表现的结合。（4）把设计一向流于"创作外型"的教育重心转移到"解决问题"上去，走向真正提供方便、实用、经济、美观的设计体系。（5）开创了各种工作室，团结了一批卓有建树的艺术家与设计家介入到设计中来，将设计教育建立在科学的基础之上。（6）打破了陈旧的学院式美术教育的框框，1920 年创立"基础课"。（7）培养了一批既熟悉传统工艺又了解现代工业生产方式与设计规律的专门人才，将现代工业产品的设计提高到了新的水平。

人生原本是一位哲学家

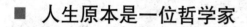

加利福尼亚萨尔克生物研究院是一座美得令人屏息的建筑，而宾西法尼亚大学则被称为"美国二战后最好的建筑"。不过让人遗憾的是，它们的设计师路易斯·康虽在建筑界声名显赫，却很少有人知道他在建筑设计上投入了多少精力——如果砖瓦能够诉说的话，它们可以告诉你，路易斯·康毕生是如何不懈地追求的。

路易斯·康1901年出生于爱沙尼亚的萨拉马岛，从小受家族背景的影响很大。当时爱沙尼亚岛处于波兰统治下，"康"是一个犹太家庭的"姓"，路易斯的父亲是一名虔诚的犹太教徒。母亲伯莎出身于名望甚高的门德尔松家族，伯莎的祖父摩西·门德尔松是18世纪德国启蒙运动中有名的犹太哲学家，伯莎的父亲则是里加城里颇具声望的犹太希拉，当其谢世时，全城为之点燃白蜡烛；母亲伯莎·门德尔松也曾是一名才能出众的竖琴手，同时，还是著名文学家歌德和席勒的崇拜者。

处于双亲及家族的文化熏陶，自然、宗教、音乐以及歌德、席勒等人的文学作品，成为童年路易斯·康的精神食粮。因此，18世纪以后，德国资产阶级革命的思想主流——浪漫主义，以及新柏拉图主义演变成存在主义，对路易斯·康形成了相当大的影响。而路易斯和伯莎的母子之情甚笃，即使成年之后工作十分繁忙，他也经常与其母亲抽空长谈。这位聪敏的母亲在路易斯·康的成长中，是一位良师益友，给予他母爱，更教给他做人的道理。

我的未来不是梦

记得童年的时候，他随母亲去参加一场音乐晚会，母亲跟朋友们聊得正浓，他悄悄四处转转。在一个僻静的角落，无意间看到有几个人得到了主办方赠送的礼物。小路易斯当时很兴奋，以为每位来宾都有礼物可拿，便乐呵呵地去找工作人员要。

工作人员得知他母亲是伯莎之后，略带轻视地口吻说道："对不起，没有准备她的礼物！"因为那时候，伯莎只是个默默无闻的音乐爱好者，她的音乐才华还没找到机会展示给世人。

但小路易斯不明白这些世俗的东西，他疑惑不解地问为什么？这时那位工作人员不耐烦了，明知他的母亲是伯莎，然后还故意大声质问他是谁家的孩子，竟然受家长指使，向主办方索要礼物，简直没有教养！甚至还声称，今后绝不会再邀请这么低素质的人员参加！

吵嚷声中，母亲伯莎发现事件的主角竟然是自己的儿子！但她不明白儿子向来不贪图小便宜的，今天为何会去争那并不值钱的礼物，简直是自取其辱啊！路易斯不服气地说，他并不在乎礼物是什么，只是大家都是嘉宾，为什么待遇却完全不同？想想就让人不舒服！

知子莫若母，伯莎终于明白了儿子的心意，儿子在意的是"公平"二字！但是做母亲的也相当清楚，公平其实只是相对的，更多时候社会就是这样现实而又残酷的，根本不是感情冲动就能解决的问题。

"妈妈，我觉得他们不尊重我们！"小路易斯觉得受了天大的委屈，向母亲报着不平。

"孩子，何必在意那些东西呢？妈妈告诉你，别人不尊重我们，肯定是因为我们还不够优秀；那么若想得到平等待遇，必须让自己变得强大起来，明白吗？"母亲强忍着心中的悲哀之情，然后给儿子讲起人生哲理，希望儿子能听懂，将来做一个有骨气的人。

小路易斯望着母亲鼓励的眼神，忽然感觉自己长大了，社会如此复杂，天真纯洁的他是多么渴望做一个纯粹的人啊！那么，把自己变得强大，就会得到应有的尊敬吗？真的是这样吗？带着这样的疑问和骨气，小路易斯逐渐成长起来，只是谁也不知道，他多么渴望让自己变得强大，让这个世界

多一些公平啊！

后来，全家移民到了美国费城，成为美国"第一代移民"，路易斯·康的骨子里充满了强烈的母国特色。当初他们落脚的地段是北费拉德尔菲亚老城中一片讲高昂铿锵柏林德语和意第绪语的犹太教街坊，由于背景和观念的不同，常常有很多彼此不能融合的地方。母亲伯莎知道儿子的性格倔强孤傲，于是也常常劝他要学会适应环境。但路易斯做不到随波逐流，反而坚定了信念——总有一天，要让所有人都认可他！

为了让自己变得强大，1912年到1920年，路易斯先后在费拉德尔菲亚中心和公立工业艺术设计学校求学，几乎全部时间都投入到绘画中，并多次获奖，结束中等教育之前，已经得到费城艺术学院的艺术奖学金。他这种不同凡响的才艺，来自于先天的禀赋，但更多的，应该源自于后天的不断努力和坚持。

为了更好的体会建筑，毕业最初的几年，路易斯·康曾经到欧洲游历，又到一些事务所学习创作经验。不过，由于同时代同命运的设计师们，都在竭尽所能迎合"国际建筑"新潮流，而他却被勒·柯布西耶的作品所触动。这种兴趣和方向的不同，导致他在一定的时间内，只能"静悄悄"做一名建筑学硕士，只能暂时默默无闻。但是路易斯·康耐得住这份寂寞，他满脑子想的都是柯布西耶那轻灵简洁的工业化材料，抽象的几何形和大规模的城市改造计划。

然而这种寂寞，一直陪伴路易斯·康将近20年。第二次世界大战后，社会进入大萧条时期，他和一些朋友合作过，也从事一些城市的开发性设计，不得不承认，这20年的生活经历，是一段并不令人羡慕的苦斗。但是路易斯·康依然坚持自我风格，他没日没夜地与绘图员一起工作，嘴里不是一支雪茄，就是一支卷烟；手中是一支软铅笔或碳棒。他总是一边叙述着自己的理论、原则，一边反复地在草图上画上永无休止的线条。但可惜的是，因为全国的建筑活动都在为战争服务，他的设计的很多方案，最后都没有得到投产的机会……

可能任何领域的创作都一样，只要你认真对待你的工作，那就意味着

无穷的探索和追逐；正是这种探索和追逐，才让生活变得五味杂陈，甘苦难辨。怯懦的人，在这样的彷徨中退缩了，从而丧失了自己个性和风格；而自信的人，会一直坚定不移地走下去，直到实现最初的梦想。

路易斯·康就是后者，他没有在岁月中的长河中丢失自己，而是历经30年的摸索和坚持，终于迎来了事业的转折点。建筑界几乎同时肯定了耶鲁大学艺术画廊扩建项目，并视为路易斯·康的成名之作。他一方面照顾历史环境，另一方面竭力求新，实现了在两重压力下的风格"复合"——时代的压力和耶鲁这一具体环境的历史压力。

如果说，耶鲁大学艺术画廊扩建工程呈现的是某种比较浅表、比较生硬的"符合"，那么稍后的特雷顿犹太人文化中心，以及1957年之后完成的宾夕法尼亚大学理查德医学研究大楼，已呈现某种非压力加工式"复合"而成的二元，便完全是传统与现代在各个方面的交织。

是金子总是会发光的，在这种"交织"的过程中，路易斯·康从幼年起积累的文化素养，迅速开始迸发出耀眼夺目的异彩！

他不但有设计作品问世，而且作品常常伴有自成一格的理论作支持。路易斯·康的理论，既有德国古典文学和浪漫主义哲学的根基，又揉以现代主义的建筑观，东方文化的哲学思想，乃至中国老庄学说。他既从事建筑创作实践，又先后在耶鲁、普林斯顿和 U·Penn 从事建筑教育，应邀在许多国家发表演说、文章。

在建筑理论方面，他的言论常常如诗的语言一般晦涩、艰深、令人费解；然而也确如诗句一般，充满着隐喻的力量，发人深省。他的实践，似乎为这些诗句般的理论做了注解；而他的理论，似乎又为他的实践泼洒上一层又一层神秘的色彩。

在20年的巅峰状态中，他的作品遍及北美大陆，南亚和中东；他的弟子成为今天美国以及其他国家建筑界、建筑教育界的中坚；而他的建筑思想，更是风靡一代又一代的建筑师。路易斯·康一生都在执著地追求建筑的永恒和纯粹，他说："人读哲学的书，并不能变成哲学家，因为人生来就是哲学家。"但若要在浮世中树立永恒的纪念碑，则必须拒绝一切轻飘的思想，

一切俗世的温情，一切虚浮的华丽。

"你这样忙来忙去到底是为了什么？到底能得到什么？"路易斯·康的大堂兄曾经这样问他。每当这时，路易斯·康都会淡然而坚定地回答，他苦苦地追求着理论和实践的统一，立志在尘世中树立永恒的丰碑；他想告诉人类有关人类所生存的世界，告诉人类——建筑曾经是，也可以是一种"精神"！

逐梦箴言

"千磨万击还坚劲，任尔东西南北风。"人生在世，最重要的就是"精神"！多年来，路易斯·康放弃了亲情与欢聚，放弃了盛名和财富，一次次地挑战世俗和偏见，一次次地抗拒妥协，坚持自我风格和追求……正是因为这种"精神"在支撑，才使他在五十多岁时大器晚成，成被誉为建筑界的诗哲和一代宗师。为学须有恒，坚持下去，你也会看到最美的太阳！

知识链接

【路易斯·康代表作和主要著作】
　　代表作：宾夕法尼亚大学理查德医学研究中心；耶鲁大学艺术画廊；索克大学研究所；爱塞特图书馆；孟加拉国达卡国民议会厅；艾哈迈德巴德的印度管理学院；费城城市规划设计；米尔溪公建住宅；米尔溪社区中心；奥瑟住宅；埃西里科住宅。
　　主要著作：《建筑是富于空间想象的创造》和《静谧与光明》

【耶鲁大学】
　　旧译"耶劳大书院"，是一所坐落于美国康乃狄格州纽黑文

知识链接

市的私立大学,始创于 1701 年,初名"大学学院",今为常青藤联盟的成员之一。是美国历史上建立的第三所大学,第一所是哈佛大学,第二所是威廉玛丽学院。它和哈佛大学、普林斯顿大学齐名,历年来共同角逐美国大学和研究生院前三名的位置。

校园建筑以哥特式和乔治王朝式风格的建筑为主,多数建筑有百年以上的历史。古典建筑和少数现代风格的建筑交相互映,把整个校园点缀得十分古典和秀丽。该校最强的学科是社会科学、人文学以及生命科学。

在百花堂沐浴圣母的光芒

13世纪末14世纪初，意大利在欧洲最早产生资本主义萌芽，佛罗伦萨、热那亚、威尼斯这三座城市，成为意大利乃至整个欧洲的文艺复兴发源地和最大中心。布鲁内莱斯基就出生在1377年的佛罗伦萨，后来，成为意大利早期文艺复兴建筑职业建筑师及工程师的先驱之一。

布鲁内莱斯基是佛罗伦萨一位知名公证人的儿子，在培训成为一位金匠及雕塑师后，于41岁时才转业做装修和建造，最后成为一名建筑工程师的。

说起转业的起因，是缘于一场设计比赛。当时教会要把《创世纪》上的以撒献祭(一个关于上帝要父亲杀儿子祭神，而父亲忠实的照办的故事)做一块青铜装饰门板。比赛做得像模像样，有许多人应征参赛，后来经过一轮轮淘汰，只剩下布鲁内莱斯基和一个年轻的首饰匠。布鲁内莱斯基原本对自己很有信心，想凭借真才实学赢得比赛，并且也相信自己一定会赢得比赛，因此父亲建议做一些"幕后"工作的想法，被布鲁内莱斯基拒绝了。

然而，他不做"幕后"工作，不等于别人也坦坦荡荡，那位唯一的竞争对手，借着亲爹的技术指导和后爹的财力贿赂，最终打败了布鲁内莱斯基。这样的结果让他很震惊，也对社会的黑暗感觉到愤慨。于是便去找教会理论，希望能有一个公平的说法。当时很多人都劝他，算了吧，跟教会斗，不会有好果子吃的；甚至连他的父亲也说服他，不如息事宁人，以后再争取机会吧。

但是布鲁内莱斯基就是那股子犟脾气，他不愿意趋炎附势，更不甘心

被歪风邪气打败,他坚持要教会给个公平的结果。这件事情最后果然有了转机,教会承认布鲁内莱斯基的设计很优秀,可以与那位获胜者相媲美,教会一定重新考虑。不过,由于当时政治动荡,这两个候选的方案最终都没有安上去,而是一起摆在巴尔杰络国立图书馆里。

这次参赛经历,让布鲁内莱斯基对建筑设计产生了前所未有的兴趣,于是他与朋友同行,结伴去参观访问了万神庙的建造原理,又恢复了透视画法。这时,正是文艺复兴慢慢开始的时期,枯燥烦闷的中世纪人们惊讶地发现古罗马文化的强大,充满激情和仇杀的古罗马文化立即取代了人们对希伯来基督教的兴趣,人们从隐忍克制的苦行中和绝食舍身的自虐中觉醒了!他们发现,自己并不是真的像教会的骗子们说的那么罪孽深重,那一切都是人之常情!

就在这样的状况下,布鲁内莱斯基激动地发现——绝佳的机会终于来了!圣母百花大教堂的圆顶方案开始征集评选了,布鲁内莱斯基创作激情空前高涨,决定参加此次征集,实现自己长久以来的梦想。

不过,在现代来讲,设计和建筑相对来说是容易做的,毕竟科学很发达,科技也很先进了,还有很优良的建筑工具。但是在布鲁内莱斯基那个时期,人们盖房子首先要考虑的问题,是怎样让房子不坍塌,也就是考虑他的力学承重原理以及各方面的支撑和牢固性。否则,像地震、火山、台风和海啸等等灾难,甚至老鼠和白蚁都能将房子破坏。

当布鲁内莱斯基把自己的整体方案递交之后,最先听到的就是关于房子能不能坍塌的置疑。议会觉得他的方案很有创意,但需要他给讲出方案的细节,才能让人心服口服,才能让方案得以实施。否则没有人原意把时间和金钱,浪费在布鲁内莱斯基的那张草图上。

布鲁内莱斯基对自己的方案很有保护意识,他不肯向众议会和神甫们透露方案的细节,怕被剽窃,因为当时很多案件都涉及到这些著作权益的问题。可是,又必须想办法让那些人明白,自己的方案确实是有可行性和创新性的。最后想了想,他拿出一个鸡蛋,问大家:"谁能把它竖起来,但不能用手和支撑物?"

在场的人都不明所以，也没有人表态。只见布鲁内莱斯基出人意料地把鸡蛋打碎了，然后立在桌子上，略带嘲弄地望着主教。

主教有些愠怒，不满地说，"这样的方法，我也会！"

布鲁内莱斯基哈哈大笑，"是的。如果我把我的方案告诉你的话，你也一定会这样说！"

言外之意谁都能听得出来，布鲁内莱斯基在嘲笑主教的道貌岸然和不学无术。后果可想而知，恼羞成怒的神甫们把警卫叫来，然后把布鲁内莱斯基丢出去，大骂他是疯子！关于圣母百花大教堂的圆顶建筑，也搁浅了下来，因为教主再也没找到能超过布鲁内莱斯基的创意。

但是布鲁内莱斯基就是有一股"不抛弃、不放弃"的精神，他不甘心让自己的心血付诸东流，于是坚持斗争了十年，不停地上诉——有机会就上诉；没有机会，制造机会也要上诉。他希望让世人看到他的宏伟设计，哪怕付出更多的艰辛，也都是值得的！

最后，布鲁内莱斯基成功了，他终于以持之以恒的精神，得到了这项工程的设计权！

为建造圣母百花大教堂高耸的圆顶，布鲁内莱斯基冥思苦想，发明了机械和穹顶上的塔式天窗。这些问题，曾使先前的几代建筑师陷入激烈的争论，而在布鲁内莱斯基的执著坚持下，终于解决了！

关于这个圆顶成功建造起来的想象力和工程计算，为布鲁内莱斯基在建筑界树立了良好声誉，后来又有很多成功作品问世，而他的机械系统设计理念，对达·芬奇产生了很大影响。1446 年，布鲁内莱斯基在佛罗伦萨去世，并安葬在圣母百花大教堂，向参观者讲述他坚持不懈追求理想的一生。

逐梦箴言

"百败而其志不折"。本节故事里的主人公布鲁内莱斯基,在建筑生涯中遇到过很多失意和不顺,但都没能让他放弃梦想。有人说,在希望与失望的决斗中,如果你用勇气与坚决的双手紧握着,胜利必属于希望!所以,当你偶尔陷入失意的误区,请不要气馁和退缩,因为不经历风雨,长不成大树,不受百炼,难以成钢!

知识链接

【意大利的一些著名建筑】

1. 罗马竞技场:亦称罗马大角斗场,建于公元 72 至 82 年间,是古罗马文明的象征。遗址位于意大利首都罗马市中心,它在威尼斯广场的南面,古罗马市场附近。

2. 君士坦丁凯旋门:建于公元 312 年,是罗马城现存的三座凯旋门中年代最晚的一座。它是为庆祝君士坦丁大帝彻底战胜强敌马克森提,并统一帝国而建的。

3. 万神殿:是至今完整保存的唯一一座罗马帝国时期建筑,始建于公元前 27-25 年,被米开朗基罗赞叹为"天使的设计"。

4. 许愿池:罗马境内最大的也是知名度最高的喷泉。许愿池是 18 世纪建筑师沙尔威的杰作,许愿池于 1762 年完工,因此是罗马喷泉中比较年轻的一座。

5. 威尼斯广场:位于罗马市中心的圆形广场。这个广场的正面是维克多·埃曼纽尔二世纪念堂。建筑物上面有两座巨大的青铜雕像,右边的代表"热爱祖国的胜利",左边代表的是"劳动的胜利"。

6. 圣彼得教堂:置身于梵蒂冈城。教堂高 136 米,占地 22000 平方米,是基督教的象征。由米开朗基罗设计的穹顶直径达 42 米,到达穹顶约 330 级台阶,从塔顶可俯瞰整个圣彼得

广场。

7.水城威尼斯：在意大利东北部，是举世闻名的水乡，整个城市建筑在水上，是世界上唯一没有汽车的城市，"贡多拉"上华丽而迷离的情调，是世界游客永远的梦。

8.威尼斯圣马可广场：建于 829 年，它曾是中世纪基督教世界最负盛名的大教堂之一，是第四次十字军东征的出发地，是威尼斯建筑艺术的经典之作，是东方拜占庭艺术、古罗马艺术、中世纪哥特式艺术和文艺复兴艺术的结合体。

9.威尼斯叹息桥：连结总督府和旁边的监狱，过去当重罪犯在经过这座密不透气的桥时，不由自主的发出叹息之声。这座桥建于 1600 年，也是威尼斯的必访景点之一。

10.圣母百花大教堂：位于佛罗伦萨。这是一座哥特式的建筑，高 106 米，其外部以绿、白、红三色大理石装饰，应用建筑学、几何学原理设计修建。1982 年被列入世界文化遗产。

11.佛罗伦萨《大卫》塑像：这尊大卫塑像在旧宫台阶旁，是复制品，原件已保存在艺术博物馆里，还有一件复制品则竖立在米开朗基罗广场上。

知识链接

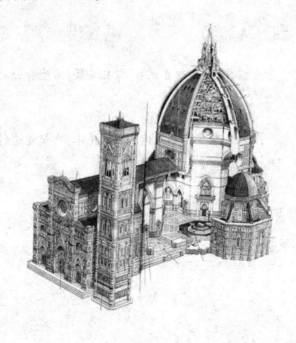

我的未来不是梦

智慧心语

锲而舍之，朽木不折；锲而不舍，金石可镂。 ——荀况

坚持意志伟大的事业，需要始终不渝的业主。 ——伏尔泰

"砖，你想成为什么？""我想成为一个拱。" ——路易斯·廉

生活的道路一旦选定，就要勇敢地走到底，绝不回头。 ——左拉

老当益壮，宁移白首之心；穷且益坚，不坠青云之志。 ——王勃

一个人只要强烈地坚持不懈地追求，他就能达到目的。 ——司汤达

涓滴之水终可磨损大石，不是因其力量强大，而是因其昼夜不舍的滴坠。 ——贝多芬

第八章

良师益友是事业的好伴侣

·导读·

　　"独学而无友，则孤陋而寡闻。"人世间的一切荣华富贵，其实都不及一位良师益友，那是一种心灵的契合，精神的慰藉。"君有奇才我不贫"，一位好老师，胜过万卷书;"人生难得一知己"，一位好朋友，天涯若比邻。珍贵的情谊一点一滴凝聚起来，变成欢笑、变成温暖、变成阳光和空气，最后也能变成无穷的力量，去共同创造辉煌和价值!

从鸟巢上长出双飞翼

很多人大概都记得，2008 年 3 月 11 日，伦敦设计博物馆对过去 12 个月里的设计做了总结，北京奥运会主体育场"鸟巢"获得最具创意、最具进步性的国际建筑设计殊荣。当时评委的评价是："北京国家体育场的建筑，是 1972 年慕尼黑奥运会以来从未有过的、能全面体现当代体育馆概念的设计。它象征着正在崛起的现代化中国，是赫尔佐格和德·梅隆不平凡的职业生涯中一个辉煌的成就。"

如此高的评价，让人们从此记住了北京的"鸟巢"，也熟知了两位设计师的名字——雅克·赫尔佐格和皮埃尔·德·梅隆。这个体量的建筑自从方案诞生的那一刻就引人瞩目，建成后更在 2008 北京奥运会开幕式上大放异彩。当火炬带着中国人的"飞天梦"在鸟巢上空飞旋，全世界都在为中国鼓掌，中国也昂首挺胸走向了世界！

赫尔佐格与德·梅隆均是世界建筑界大师人物，他们形同一对双生子，1950 年同年出生在瑞士巴塞尔城的时候，应该谁也没有料到他们今后将一起走上建筑事业，并且携手荣获世界建筑最高荣誉普利兹克奖。萧伯纳说，"如果你有一个苹果，我有一个苹果，彼此交换，那么每人只有一个苹果。如果你有一种思想，我有一种思想，彼此交往，我们每个人就有了两种思想，甚至多于两种思想。"这句关于友谊的至理名言，在赫尔佐格和德·梅隆身上得到充分体现。

七岁的时候，他们就结伴背着书包走进学校的大门，一起度过小学和

我的未来不是梦

147

中学的时光。更难得的是,他们有着共同的爱好,都对建筑业有着偏爱,因此又共同在苏黎世完成了建筑专业的学习,毕业后合作开办了一家建筑设计事务所。在追逐共同梦想的道路上,他们始终相信"两人力量胜一人",相互鼓励互相扶持,最终走向成功。

当初,他们把建筑设计事务所设在了家乡,将一个看似不起眼的铁路信号站,打造成了世界精品。那是一个不规则的立方体,铜质的金属外表隐含着丰富的肌理,然而正是这无比简洁的一笔,掀动了人们无限的思绪,也让很多老板开始注意他们。

后来有人知道他们喜欢体育,尤其偏爱足球,便想请他们去设计体育场。但是他们二人都很固执,说只愿意为巴塞尔足球队设计主场,因为他们是那支球队的狂热球迷,他们要把自己的设计献给钟爱的球队。后来,二人的愿望还真实现了,瑞士巴塞尔体育场和德国慕尼黑世界杯足球赛体育场的设计,圆了他们的足球梦。

当然,任何人的成功都不是一帆风顺的,即使两个人的组合,同样会遇到挫折和失意。因此赫尔佐格才会这样说,"建筑就是建筑。它不可能像书一样被阅读;它也不像画廊里的画一样有致谢名单、标题或标签什么的。也就是说,我们完全反对具象。我们的建筑的力量,在于观者看到它时的直击人心的效果。"

这段话是说给那些置疑者的,因为单单以北京"鸟巢"的设计方案为例,他们就曾经承受过很多非议,甚至还有批判。事情是这样的:2004年5月23日,巴黎戴高乐机场候机厅的坍塌,牵动了许多中国人的目光。作为2008年北京奥运会主会场的国家体育场,已在北京破土动工7个月,有1800多根长38.3米、直径近1米的桩已被打入地下,按原来的计划,到2006年底,这里将搭建出一个巨大的白色"鸟巢"。

可是,戴高乐机场的意外事件,让中国人开始重视最重要的安全问题。6月5日,中国工程院土木、水利与建筑工程学部召开会议,有院士要求以全体学部院士的名义上书国务院,直述2008年北京奥运会场馆设计中存在的问题。因为由求大、求新、求洋而带来的安全与浪费问题,正在逐步成

为 2008 北京奥运会的场馆建设中的"硬伤"。尤其是当工程进入实质的施工阶段时，突然发现要正常施工就需要做种种的修改工作，这些问题不仅惊动了北京市的主要负责人，而且国务院总理温家宝亲自做出指示：要勤俭办奥运。

两个月后的 7 月 30 日，"鸟巢"悄然停工，那么可想而知，当时赫尔佐格和德·梅隆是何种心情？因为他们很清楚，暂时仪式并非全然因为安全问题，而是因为社会上强烈的争论。舆论开始把之前报道为"获得一致好评"的恢宏建筑，推到了风口浪尖进行评说。

这种情况是他们两个人想都没想到过的，有很多人担心他们扛不过去，开始鼓励他们，或者劝慰他们，有的甚至开导他们，让他们退出这个设计。但赫尔佐格和德梅隆谁也没有放弃，他们互相给对方打气，相信中国人民会认真而公平地对待这个设计方案。在某种程度上说，"鸟巢"这个设计在他们的心目中有着令人惊异的位置，他们认为，"鸟巢"的"遭遇"颇似当年的巴黎埃菲尔铁塔，多年后人们会看到意义所在。建筑不应追从任何一个潮流，不会遵循哪一种风格，当然也不会刻意与谁区别。

终于，根据专家反复研究论证，"鸟巢"原设计方案中的可开启屋顶被取消，屋顶开口扩大，并通过钢结构的优化，大大减少了用钢量，其安全系数也会得以提高。面对"鸟巢"方案的修改，他们两个人都能正确理解。他们认为一名设计师，当设计与安全发生冲突时，必须无条件顺从安全，然后全力以赴投入到新任务中去。"值得高兴的是，我们设计的国家体育场是以鸟巢为原型的，去掉一些东西后，它看上去还是一个鸟巢，不会有什么不同。"

2008 年 8 月 8 日，中国国家体育场成功容纳了 10 万名观众，成为一座独特的历史性标志建筑。这个巨型体育场的外观如同树枝织成的鸟巢，其灰色矿质般的钢网以透明的膜材料覆盖，其中一个土红色的碗状体育场看台，恰似北京故宫青灰色的城墙内矗立着红墙垒筑的宏大宫殿，饱含东方式的含蓄美。

德·梅隆这样解释自己的作品："这个体育场的整个结构表现力，不仅

可以告诉人们哪里是入口，而且还能让人们产生丰富的联想。如有人形容它是鸟巢等等。这可能是公众的印象。但实际上，我们还可以把它解释成其他中国建筑上的东西，比如菱花隔断、有着冰花纹的中国瓷器。它又像是一个容器，包容着巨大的人群，这些都是中国的文化。"

有人说，2000 年在伦敦的泰晤士河畔，他们两人将一个巨大的发电厂改造为泰特现代美术馆开始，这个设计在艺术和城市方面获得了极大的成就，成为了英国政府在泰晤士河畔兴建的一处新千年标志性建筑。所以在2001 年，赫尔佐格和德·梅隆获得了普利兹克奖时，才会得到这样的评价——"这是过去大家很难想象出的、对建筑表皮有着这样杰出想象力和鉴赏力的建筑师。"

时至今日，走过"鸟巢"的身旁，仍然可以感受到那种"直击人心的效果"，貌似随意的钢结构是一个令人难忘的地标式建筑，在这种背景之下，观众很容易感到自己是活动的一部分。"鸟巢"充分体现了赫尔佐格和德·梅隆对于"结构"和"表皮"的钟爱，这就是大师与众不同的地方，他们把两个人的智慧变成无穷的创新力量，不断引领建筑设计的"艺术和时尚"。

逐梦箴言

"在业务的基础上建立的友谊，更胜过在友谊的基础上建立的业务。"本节的两位主人公赫尔佐格和德·梅隆，他们用友情做纽带，用智慧做桥梁，取长补短，精诚合作，最终插上了双飞翼，站在建筑界最高的领奖台上。因此有人说，世间最美好的东西，莫过于有几个头脑和心地都很正直的严正的朋友。朋友，是一生难得的财富！

知识链接

【北京 2008 奥运会】

第 29 届奥林匹克运动会,又称北京奥运会,是中国第一次承办奥运会,于 2008 年 8 月 8 日开幕,2008 年 8 月 24 日闭幕。主办城市是中国北京,参赛国家及地区 204 个,参赛运动员 11 438 人,设 302 项(28 种运动),共有 6 万多名运动员、教练员和官员参加北京奥运会。本届北京奥运会共打破 43 项新世界纪录及 132 项新奥运纪录,并破纪录共有 87 个国家在赛事中取得奖牌,中国以 51 枚金牌成为居奖牌榜首名,是奥运历史上首个亚洲国家登上金牌榜首。

正式申奥成功:2001 年 7 月 13 日。正式宣布开幕者:中华人民共和国主席胡锦涛。运动员代表宣誓:张怡宁。裁判员代表宣誓:黄力平。奥运圣火点燃:李宁。主体育场:鸟巢。使用语言:汉语、英语、法语。吉祥物:福娃(贝晶欢迎妮)。火炬:祥云火炬。奖牌:金镶玉;银镶玉;铜镶玉。口号:同一个世界,同一个梦想。主题曲:《You And Me》(《我和你》)

【鸟巢国家体育场】

位于北京奥林匹克公园中心区南部,为 2008 年第 29 届奥林匹克运动会的主体育场。工程总占地面积 0.21 平方公里,建筑面积 258 000 平方米。场内观众座席约为 91 000 个,其中临时座席约 11 000 个。举行奥运会、残奥会开闭幕式、田径比赛及足球比赛决赛。奥运会后将成为北京市民广泛参与体育活动及享受体育娱乐的大型专业场所,并成为具有地标性的体育建筑和奥运遗产。

【慕尼黑安联足球场】

是欧洲最现代化的球场,以精巧的结构壮丽的外观,成为慕尼黑以至于德国的荣耀。安联体育场被选作 2006 年足球世界杯开幕式赛场。这座可以容纳 66 000 人的球场在 2005 年 5 月 30 日和 31 日正式启幕,在照明系统的映射下成为一个红色的发光体,几公里外都可以看到。慕尼黑人非常喜欢这个体育场,并亲切地将其称为"安全带"或"橡皮艇"。

■ 荣誉从来不只属于一个人

在 1999 年第 21 届普利兹克建筑奖颁奖典礼上,获奖者诺曼·福斯特曾讲过这样一段话,语言真挚感人,令听者为之动容——

"对每个人来说,我们的成长背景都存在着差异,我们的历史及历史英雄、我们接受的教育和我们的经历都不尽相同。然而无论从个人成长还是事业发展来说,我都一直如此幸运地拥有众多胸襟开阔的同事和合作者,慷慨的资助者和客户,更有明智的双亲。在此种意义上来说,普利兹克奖金是要合理分开的。因为就像一项建筑设计,在建筑师本身之外还有许多人参与了它的诞生。所以今晚,我将以此奖金和我的亲人朋友们共享……"

诺曼·福斯特是国际上最杰出的建筑师之一,被誉为"高技派"的代表人物。在近半个世纪的建筑设计生涯中,特别是 70 年代以来,他所创作的作品,对当代建筑界产生了重大影响,他也成为现代建筑潮流中的领衔人物。福斯特特别强调人类与自然的共同存在,而不是互相抵触,强调要从过去的文化形态中吸取教训,提倡那些适合人类生活形态需要的建筑方式。

诺曼拥有全球知名的事务所福斯特建筑事务所,工程遍布全球。他身上有很多光环:工业建筑皇家设计师、杰出设计师学会会员、皇家工学院荣誉院士、英国皇家建筑学院和美国建筑师协会金质奖章;国际建筑联合会列入科学艺术领域杰出人物名册;福斯特建筑事务所的海外工程也曾被授予"女王奖"……面对如此多的荣誉,他总是那样一句话——这一切,都与他的良师益友分不开。

说起诺曼的一生，其实是一个从平民到大师的蜕变过程。1935 年，他出生于英国曼彻斯特一个普通的工薪阶层家庭，父母淡然平和的心境，家庭温暖安静的气氛，让他的童年虽然不富足但很幸福。小时候的他很调皮，厌倦枯燥的书本，喜欢各种飞机模型和一些与机械有关的东西。父母宠爱他，便经常带他去参观，在曼彻斯特这个世界上重要的工业城市，那种特有的氛围让诺曼如鱼得水。

父母看到他对书本实在不感兴趣，便鼓励他学画画，即使将来不当作职业，至少也是个爱好。诺曼感觉眼前灵光一闪，是啊，为什么不把看到的东西变成影像描绘出来呢？从此后，他便细心观察周围的事物，学着涂鸦，画各种模型，画高楼大厦，也画小桥流水人家。后来诺曼在图书馆里，看到关于弗兰克·劳埃德·赖特和勒·柯布西耶的作品，他感觉自己发现了绝对非同一般的世界。于是常常幻想，自己的家就在美丽的草原别墅或者巴黎林荫大道中，他对于这样两种境界同样着迷。

慢慢地，诺曼心里开始萌芽出一个愿望，那就是长大后成为一名建筑师，因为他发现在所有事物中，建筑物是一眼便能让人记住的，不仅是人类生存的都市设计品，也给人们带来宁静和享受。因此他认为从事建筑业，应该是很幸福和骄傲的事情。但是现实是很不乐观的，在当时通常只有中产阶级出身的孩子，才能有足够的经济基础去学习建筑。诺曼只是个平民的儿子，所以学习建筑对于他来讲，简直就是天方夜谭，一个太遥不可及的梦。

16 岁那年，诺曼离开了学校，成为一名普通的市政厅办公人员，工作地点是一个具有维多利亚女王时代特色的标志性建筑，这将他带入了建筑及工艺环境之中，于枯燥乏味的工作之余，有机会在现场观赏这座盛大建筑的总体效果，还有机会注意到光线使用和扶手的设计等细节。于是，他更投入地进行素描练习，希望有朝一日能派上用场。

或许上帝是公平的，每一份付出都会有相应的回报，终于有一天，他朝着梦想迈近了最关键的一步——那就是进入曼彻斯特一家建筑公司，与约翰布来德沙尔及伙伴一起工作。尽管这个差事并不是诺曼的最终理想，但同事之间互相合作的氛围，互相探究学问的热情，让他对建筑事业的兴趣更

浓了。后来，有人发现了诺曼在建筑方面的天赋，也了解到他的梦想，便资助他进入曼彻斯特大学建筑与城市规划学院学习，这应该算和他成功蜕变的一个转折。

在耶鲁大学读书期间，他勤奋刻苦，把身边的每位老师和同学都当作良师益友，希望能以最快的速度汲取更多的知识。而且诺曼也很幸运，导师文森特先生有着渊博的知识，让他在旧时代与新世界的交互之间大开眼界，让他全身心地投入在那些建筑作品中，流连忘返。

另外一位导师保罗·鲁道夫，给他展现了美国和欧洲两种不同的文化风格，保罗创造了一种极富活力的开放式工作室氛围，很多德高望重的建筑界学者连续造访，那种强烈的竞争氛围让诺曼清楚地看到——无论多少光环，自己的实力只能用优秀的作品来说话！

第三位导师塞吉·车麦耶夫先生则认为，争辩和理论研究比动手实施方案做出模型成品要占据更优先地位，质疑在先，并且方案分析决定行动。这样的理念，让诺曼一直相当注重行业用具、绘画原则以及调配原料，做到了严谨缜密……

"师傅领进门，修行在个人"，最终诺曼·福斯特不负众望，以优异的成绩从耶鲁大学研究生毕业，从此一颗为建筑而生的自由灵魂沸腾了！

1963 年，诺曼又遇到了几位志趣相投的好伙伴，然后联合成立了四人小组，工作室设在托马斯河畔。这个四人小组平均年龄只有 30 几岁，来自不同的地区和国家，用多种语文进行交流。这一事务所的理念在很大程度上与当年耶鲁大学的工作室十分相似。也正是因为这种超强力的年轻组合，让他们的创作理念得到淋漓尽致的展示，第一件作品阿波罗 17 登月舱的成功设计，就是最好的证明。

正所谓"众人拾柴火焰高"，多年来，在诺曼和同伴的共同努力下，福斯特建筑事务所已经成为一家国际性建筑、规划和设计的公司。由于在建筑设计等领域的卓越成就，事务所目前已经荣获了 280 多项奖励，赢得了 50 多次国内和国际设计竞赛奖。事务所的设计产品很广泛，包括城市规划、建筑物设计、产品设计、展览设计等，在国际上拥有良好的口碑，代表性作品包

括：德国柏林新议会大厦；伦敦大不列颠博物馆大厅；汇丰银行香港和伦敦总部；法兰克福德意志商业银行总部；尼姆加里艺术中心；诺里奇斯坦福大学塞恩斯伯里视觉艺术中心等等。

如今，有人把纽约称为"诺曼之城"，之所以这样说，是因为诺曼·福斯特的建筑无处不在，其中包括赫斯特大厦、麦迪逊大街上的塔楼以及世界贸易中心的重建。2003 年，诺曼似乎是横扫一切地进入纽约，人们仿佛听到了曼哈顿在呐喊：诺曼·福斯特来了！

在某种意义上说，诺曼带给纽约的不仅仅是建筑，更是慰藉。在"911事件"过后，摩天大楼成为了纽约人心中的梦魇；而诺曼建造的位于哥伦布环岛附近的哈斯特公司总部，则被认为是象征着纽约的、强大坚韧的、富于创造力的地标性建筑。

因此我们有理由相信，诺曼·福斯特和他的团队，一定会为建筑界创造更多的奇迹！

逐梦箴言

这就是从工人家庭走来的享誉全球的建筑大师诺曼·福斯特，他站在人生最荣耀的舞台上，首先想到的是感恩，是与亲朋好友分享幸福和喜悦。这让人们佩服他才华的同时，更叹服他的人格魅力。"单丝不成线，独木不成林"，诺曼用他的作品和经历，向世界讲述着一个关于"平等"和"友情"的传说。

知识链接

【香港汇丰银行总部大厦】

诺曼·福斯特代表作品：香港汇丰银行总部大厦位于香港中环，属于香港上海汇丰银行有限公司的总办事处。大厦夹在

我的未来不是梦

皇后大道中和德辅道中之间,邻近皇后像广场、渣打银行大厦,亦接近港铁中环站。当福斯特事务所在 1979 年的国际设计竞赛中赢得这一任务后,业主向他们提出的要求非常明确:要建一座世界上最好的银行。这座银行建筑拥有一个公共的底层、一个私密顶层和由半私密半公共空间组成的中间楼层。在街面层,有一个 12 米高的公共步行广场在建筑下面穿过。

【英国伦敦市政厅】

诺曼·福斯特代表作品:英国伦敦市政厅,是一座倾斜螺旋状的圆形玻璃建筑,立于泰晤士河南岸,与古老的伦敦塔隔河相望,成为伦敦标志性建筑之一。大楼仅高 45 米,10 层,建筑面积 12 000 平方米,为五六百办公人员提供了办公空间。整个建筑倾斜度为 3 度,但并非向河边倾斜,而是出于环保的考虑使之南倾,以最小的建筑立面接受太阳光照,从而使保持大厦内部温度所用能耗降到最低。

【阿波罗登月舱相关知识】

是阿波罗宇宙飞船直接登月的部分,由美国的阿波罗计划为达到登月并成功返回而建。登月舱又被其制造商称作"LM"(月面模块),也叫做"LEM"(登月模块)。舱中的下降级中包括了登月装备、雷达天线、降落火箭引擎,以及降落所需的燃料。下降级上还带有几个装载其他货物的隔间,比如阿波罗月面实验包、移动仪器推车、月球车、月面摄像机、月面工具和月面样品采集箱。而且登月纪念牌也安装在下降级的爬梯上。

■ 单丝不成线，独木不成林

2010 年，日本建筑师妹岛和世与西泽立卫这对黄金搭档，喜获普利兹克建筑大奖。他们共同设计的纽约新当代艺术博物馆，外观像几个盒子叠放在一起，造型简单，但又具有很强的设计感，集中体现了他们二人的设计风格。《纽约时报》称它在"一个艺术相对低迷期，给城市一个几近完美的艺术号召。"轻盈而谢绝坠入尘世的姿态是顶级女建筑师特有的设计手段，淡淡的波希米亚风格，让都市放慢逐利的步伐。

这次颁奖典礼，妹岛和世与西泽立卫创造了几个有趣的数字纪录：西泽立卫当时 44 岁，是目前为止获得该奖的最年轻的建筑师；妹岛和世当时 54 岁，是继扎哈·哈迪德之后，第二位获得该奖的女建筑师；而普利兹克奖，又是有史以来第三次双人捧奖。

妹岛和世是近代日本知名女建筑师，出生于日本茨城县。现任庆应义塾大学理工学部教授，与西泽立卫成立了 SANAA 建筑设计事务所。他们设计的作品，多带有重要的"穿透性"风格，大量的运用玻璃外墙等材质，让建筑感觉轻而且漂浮，亦有报导称其为"穿透"、"流动"式的建筑。

这种纤细而有力的建筑风格，来自他们亲密无间的协作。妹岛和世与西泽立卫都相信这样一个道理："他山之石，可以攻玉"，所以才合作开办了事务所，集思广益，共同发展。其实仔细想想，一个人一生中有多少事情是不能仅靠自己去做的，就可以理解团结合作的益处了。

妹岛和世在认识西泽之前就小有名气，1991 年建成了她的最著名作品

"熊本市于春馆制药女子寮"。后来,与西泽立卫合作了新作国际情报科学艺术工作室,让妹岛和世体会到了两个人的智慧确实胜过一人,因此在1997年又再次与西泽立卫合作了,设计了熊野古道美术馆。两个人相同的兴趣和取长补短的创意,让妹岛的创作激情前所未有的迸发,她积极参加各种设计竞赛,凭借着努力和才干,让事务所得以维持和发展。

作为一名女建筑师,有时候承受的压力,比男建筑师要多得多。但妹岛始终保持最良好的敬业精神,对每个作品都很认真,为了保证质量,每年差不多只做一个工程,用以维持事务所的开支。正是这种求稳求精的设计态度,使她作为一名女设计师,在日本竞争激烈的社会中,占有一席之地。这种精神,也是我们应该学习和借鉴的。

更可贵的是,妹岛和世有着与前人不同的空间认识。她常常说非常感谢老师伊东丰雄,是老师作品中轻快和飘逸的风格影响了她,让她承袭了一种浮游感,细腻、精致而富于女性气息。如今,她对建筑有自己独到的认知,她认为建筑不应该有一个固定的形式,而是因物而异、因时而异。这就像与谁合作一样,不同的时间不同的方案,会有不同的合作理念,但只要合作伙伴是对的,一切就没问题。

"我们的理念就是,艺术品、建筑和城市应该融为一体,中间不要有任何鸿沟。"在获得威尼斯双年展第9届国际建筑展最高奖金狮子奖时,西泽立卫这样说道。确实,他们的作品,几乎都有这样的品质,没有纪念碑式的宏大叙事,而是轻灵地伫立在那里,没有侵犯性,像童话一样温暖又美好。

面对今天的荣誉,他们有时候也会想,如果没有一起合作SANNA事务所,他们的建筑事业会不会如此一帆风顺? 会不会有如此多的荣耀与光环? 西泽立卫实际上是一个标准的"宅男",不太注重外表,经常是头发蓬乱、随便披一件外衣、穿一双帆布鞋子,个子不高,脸上有些皱纹有些疲惫,就像一个没毕业的工科大学生。这样的西泽立卫,可能走到大街上,也没有人会注意到他,更没有谁能把他与著名建筑师联系到一起。

如果说西泽立卫是"天才",那么加入妹岛和世的工作室,则是让他的"天才"有了施展的舞台。最初他只是做兼职的实习生,后来一点点被妹岛

发现了他的潜质，才慢慢成为重要的合伙人的。在某种意义上说，妹岛算作西泽的"伯乐"，因此说，千里马是需要伯乐的；而一个好的合作关系，也能让事业蒸蒸日上。现在他们各有一个事务所，西泽立卫负责接日本国内的项目，妹岛和世则国内和国际的都会接。越来越多的人知道了他们的名字，熟知了他们的建筑，也为他们的精诚合作感到欣喜。

当然，他们也有低谷的时候，有的人置疑他们这种"简洁"是没有真正的水平，不能充分体现现代建筑的积极特色。甚至有人说，他们的作品，大多是从赛事上赢来的，并没有多少客户主动找上门来。种种议论，实际上都在否认他们的设计理念，同时也在否定他们得过的荣誉。

每当这个时候，他们都会互相鼓励，互相安慰，同时"化悲痛为动力"，投入到新的创作中去。共同的事业，共同的斗争，可以使人们产生忍受一切的力量，妹岛和世与西泽立卫携手挺过一道道难关，最终把一件件创意独特的作品呈现到世人面前，而且他们的合作天衣无缝，人们根本分不清哪个是谁设计的。

无论是日本金泽 21 世纪美术馆，以及长野的 O 博物馆，还是纽约新当代艺术博物馆，或是 2009 年被英国蛇形画廊邀请而创作的主题长廊，妹岛和世与西泽立卫的建筑总是剥去了深层次的修饰夸张。如此简单，将极简主义发挥得又颇具诗意。建筑评论界认为：他们的建筑中有着传统日本建筑和现代主义的影子，他们就像日本传统匠人，讲究通透、轻盈，能做出世界上最薄的墙。

普利兹克奖颁奖词这样说："他们以特殊的视野，探索连续空间、光线、透明度以及各种材料的本质，精妙的和谐感由此生发。一反那些过分追求轰动或过于修饰的风格，妹岛和世与西泽立卫始终追寻建筑的本质，从而在其作品中体现率直、经济和内敛的特征。"那么如果能加上一句"二人同心，其力断金，这个颁奖词是否会更完美？

逐梦箴言

"能用众力，则无敌于天下矣；能用众智，则无畏于圣人矣。"如今，妹岛和世与西泽立卫以最年轻的姿态站在事业的巅峰，无疑他们是成功的；但回首来时路，一定也有很多感慨和感悟，他们应该比其他人更深切地体会到——单个的人是软弱无力的，就像漂流的鲁滨孙一样，只有同别人在一起合作，才能完成许多事业。因此请记住：良师益友，是事业成功的好伴侣！

知识链接

【纽约新当代艺术博物馆】

是坐落在纽约曼哈顿市中心的第一座大型艺术博物馆，总共 7 层，面积为 5500 平方米，看上去就像是由不同大小的盒子参差不齐的叠加而成，外面再裹上一层亮白的外衣，银色镀铝的金属网格，点缀着一些窗户和天窗。建筑内设有画廊展厅、剧院、咖啡厅、商店、教育区，以及多重的屋顶阳台等。博物馆由日本著名建筑师妹岛和世与西泽立卫设计，2007 年 12 月 1 日建成。这座公共空间容纳了商店、咖啡馆和日光为背景的玻璃大堂，为博物馆的国际项目提供了平台。

【世界上的合作经典——巴黎圣母院】

巴黎圣母院是一座位于法国巴黎市中心、西堤岛上的教堂建筑，也是天主教巴黎总教区的主教堂。约建造于 1163 年到 1250 年间，是法兰西岛地区的哥特式教堂群里面，非常具有关键代表意义的一座。是巴黎大主教莫里斯·德·苏利决定兴建的，整座教堂在 1345 年全部建成，历时 180 多年。巴黎圣母院是古老巴黎的象征。它矗立在塞纳河畔，是历史上最为辉煌的建筑之一，闪烁着法国人民的智慧，反映了人们对美好生活的追求与向往。巴黎圣母院是四位设计师合作的结果，他们分别是：尚·德·谢耶、皮耶·德·蒙特厄依、尚·哈维、维优雷·勒·杜克。

梦想让生命永远年轻

很多人都曾被称为现代主义建筑之父,不过奥斯卡·尼迈耶也许是唯一在世的一个了。

2007 年 12 月 15 日,是尼迈耶的百岁生日。由于他设计的 500 多个建筑作品散布在南北美洲、欧洲、非洲、亚洲的广阔土地上,因此他的百岁诞辰不仅仅是巴西的盛事,更成为全球的关注热点。

尼迈耶被称为"建筑界的毕加索",是"活着的现代艺术传奇"。他是把钢筋混凝土用作建筑原料的先驱。除巴西外,他的作品分布在法国、意大利、荷兰、美国、阿尔及利亚、马来西亚等 15 个国家。作为现代主义建筑大师,他设计的建筑几乎比任何一个现代主义建筑师都要多,而且,他从未停止建筑设计工作。

尼迈耶最著名的作品,无疑是 47 年前落成的巴西新首都巴西利亚,这里已成为历史最短的"世界文化遗产"。曾经有人评价说,"尼迈耶是 20 世纪最伟大的建筑设计师之一,他设计了许多优秀建筑,一座优秀建筑就是一个丰碑,是一个用肉眼看得见、用手摸得着的丰碑。"或许也可以说,迎来百岁寿辰的尼迈耶本身,就是一个活着的丰碑。

尼迈耶 1907 年出生在里约热内卢的一个富庶之家。他的祖父曾是巴西最高法院的法官,在当地颇有名望。一开始,尼迈耶像里约热内卢的大多数同龄人那样虚度光阴,虽然对艺术和文学感兴趣,却对自己的未来没有丝毫规划。直到 21 岁,尼迈耶才完成中学教育。同年,他与一个意大利

移民的女儿安妮塔·巴尔多结婚。婚姻激起了尼迈耶的责任感，婚后，他决定半工半读进入大学。

随后，尼迈耶开始在父亲的印刷车间里打工，并且考进了巴西国立美术学院学习建筑，于1934年毕业。毕业后的尼迈耶急需赚钱养家，陷入了经济困难，但他却不愿意将就着进入一些普通的建筑师事务所工作，最终决定无偿地到著名建筑师卢西奥·科斯塔和卡罗斯·莱昂开设的工作室打工。科斯塔后来成为了尼迈耶事业生涯当中的"贵人"，也成为了尼迈耶的"最佳拍档"。

尼迈耶小时候就有画画天赋，一开始是用手指在空气中划拨出假想中的图像，到他学会手握铅笔后，就每天在纸上作画。当真正从事建筑业之后，手中的铅笔是依靠他自己在精神图书馆内储藏的各种构思来引导画出作品。在看到建筑选址、参考预算和可能的建筑外形后，他都能很快地画出作品。

友谊与合作，是尼迈耶成功的重要因素。在创作早期，他结识了建筑大师勒·柯布西耶，两人合作设计了一些建筑，并结下深厚的友谊。尼迈耶在建筑界崭露头角是在1936年。当时的巴西教育和卫生部委托科斯塔设计该国第一个现代建筑物——教育和卫生部大楼。当时柯布西耶提出了两个创意：一个选址在海边，但那块地不可能拿得到手；另一个方案则是低层建筑物。

尼迈耶经过深思熟虑后，则大胆地否定了这两种方案，认为它们要么不现实，要么无法展示巴西和巴西人民的新形象。后来，他对柯布西耶的创意加以改良，在里约热内卢市中心建起了一幢高层建筑，含有大量曲线设计、外墙由许多扇贝和海马图案的墙砖装饰。1943年随着大楼的竣工，尼迈耶的这种建筑风格成为潮流。

这座大楼后来成为里约热内卢的地标之一，于1985年更名为卡帕内玛大厦。这是世界上第一座由政府出资建造的摩天大楼，其规模比柯布西耶后来参与的任何工程都要大。当亚欧大陆硝烟四起时，纽约世博会在"新大陆"拉开了帷幕。尼迈耶再度与卢西奥·科斯塔联手，设计了纽约世

博会中的巴西大帐篷展馆。时任纽约市市长菲奥雷洛·拉瓜迪亚对此赞叹不已,赠送给他一套象征纽约市的钥匙。在尼迈耶的影响下,20世纪中期,巴西建筑的现代主义风格被视为"现代建筑学上的第一种民族风格"。

尼迈耶的一生具有强烈的戏剧色彩,也经历了很多波折和磨难。1945年,尼迈耶已经是个小有名气的建筑师,他选择加入了巴西共产党,对共产主义事业满腔热情。然而因为共产党员的身份,他屡次被美国拒签,无法入境。不过,在参与设计巴西新首都巴西利亚之后,尼迈耶成为业界泰斗,成为了美苏争相拉拢的对象。1963年,他成为美国建筑师协会的荣誉会员,同一年又获得了苏联颁发的列宁和平奖(相当于苏联的"诺贝尔和平奖")。

后来,巴西军人发动政变,推翻古拉特政权,建立了军人政府。尼迈耶的工作室遭到搜查和破坏,就连与他合作的杂志社大楼也因受到牵连而被破坏,他的设计莫名其妙地遭到否决,原来的客户纷纷消失。1965年,突然有两百名教授联名上书,要求尼迈耶辞去在巴西利亚大学的任职,他们说:"适合一个共产主义建筑师的地方,在莫斯科。"尼迈耶最后无奈离开祖国巴西,流亡欧洲。

流亡期间,让尼迈耶再次感受来自良师益友的温暖和力量。在法国巴黎,与哲学大师萨特和法国二战后首任文化部长安德烈·马尔罗成为了好友。旅居巴黎的尼迈耶得到了很多帮助,特别是从戴高乐总统那里得到了帮助。戴高乐非常喜欢尼迈耶的作品,马尔罗则给了他一个特别工作签证,使他在法国生活非常容易。

尼迈耶为西欧和北非设计了许多优美建筑。在巴黎,尼迈耶设计了法国共产党总部;在阿尔及利亚,他设计了康斯坦丁大学。令人惊讶的是,他还为巴西军政府设计了陆军司令部大楼。后来巴西军政府统治结束,尼迈耶立即决定重返祖国,重新在拉丁美洲展开新的创作。1988年,尼迈耶与美国建筑师戈登·邦夏分享了普利兹克建筑奖。

"我60岁时做的事情,现在一样也能做到。"尼迈耶一直保持着旺盛的创造激情,89岁时设计了巴西尼泰罗伊当代艺术馆,这被许多人视为他职

业生涯中最佳的设计作品；98 岁时，为西班牙阿斯图里亚斯王子文化中心设计了一个博物馆和一个会议厅，为德国波茨坦设计了一个水上中心，为意大利阿玛菲海岸的拉维洛设计了一个剧院。更具有特殊意义的是，他还和西班牙超现实主义艺术家萨尔瓦多·达利一样，完成了让许多建筑艺术家难以企及的一件事——在活着的时候，给自己建造了一个纪念馆。

从某些方面来说，用生命见证了整整一个世纪的尼迈耶，是幸福的，同时也是孤独的。他说："我所有的老朋友和老对手，都已经死了。"漫漫人生路，可能再辉煌的成功，也不及一段真挚的友情，更让人温暖和感动。

逐梦箴言

一个人生命中最辉煌的时刻会在何时来临？对于一个建筑师，设计首都算不算辉煌时刻？为自己建造一个纪念馆算不算辉煌？虽然年过百岁，奥斯卡·尼迈耶依然活跃在建筑界。更令人感到意外的是，时至今日，他还爱和同事在碰到问题时抽上一支雪茄，并且，这个老共产党员依然执著于最初的梦想。有梦想，生命就永远年轻！

知识链接

【巴西新首都巴西利亚】

又译巴西里亚，位于巴西高原海拔 1158 米处。1956 年，由巴西总统儒塞利诺·库比契克力主张，耗费巨资历时 41 个月建成。该城市以新市镇、城市规画方式规划兴建，也以飞机状的大胆设计及快速增长的人口而著名。巴西利亚气候宜人，四季如春，人均绿地 100 平方米，是世界上绿地最多的都市。它是城市设计史上的里程碑。城市规划专家卢西奥·科斯塔

和建筑师奥斯卡·尼迈尔设想了城市的一切,其中政府建筑表现出惊人的想象力。1987年被联合国教科文卫组织确定为"世界人类文化遗产"中最年轻的一个。

【普利兹克奖历年得主】

1979年菲利普·约翰逊(美国);1980年刘易斯·巴拉干(墨西哥);1981年詹姆士·斯特林(英国);1982年凯文·罗奇(美国);1983年贝聿铭(美国);1984年理查德·迈耶(美国);1985年汉斯·霍莱因(奥地利);1986年戈特弗里德·玻姆(德国);1987年丹下健三(日本);1988年戈登·邦夏和奥斯卡·尼迈耶(巴西);1989年弗兰克·盖瑞(美国);1990年阿尔多·罗西(意大利);1991年罗伯特·文丘里(美国);1992年阿尔巴多·西萨(葡萄牙);1993年積文彦(日本);1994年克里斯蒂安·德·波特赞姆巴克(法国);1995年安藤忠雄(日本);1996年乔斯·拉法尔·莫尼欧(西班牙);1997年斯维勒·费恩(挪威);1998年伦佐·皮亚诺(意大利);1999年诺曼·福斯特(英国);2000年雷姆·库哈斯(荷兰);2001年雅克·赫尔佐格(瑞士)和皮埃尔·德·梅隆(瑞士);2002年格伦·马库特(澳大利亚);2003年约翰·伍重(丹麦);2004年扎哈·哈迪德(英国);2005年汤姆·梅恩(美国);2006年门德斯·达·洛查(巴西);2007年理查德·罗杰斯(英国);2008年让·努维尔(法国);2009年彼得·卒姆托(瑞士);2010年妹岛和世(日本)和西泽立卫(日本);2011年艾德瓦多·苏托·德·莫拉(葡萄牙);2012年王澍(中国)。

我的未来不是梦

● 智慧心语 ●

师者所以传道授业解惑也。　　　　　　　　　　　　——韩愈

近朱者赤，近墨者黑。　——晋·傅玄《傅鹑觚集·太子少傅箴》

在背后称赞我们的人，就是我们的良友。　　　　　——塞万提斯

三人行，必有我师焉。择其善者而从之，其不善者而改之。

——《论语》

一滴水，只有放进大海里才永远不会干涸；一个人，只有当他把自己和集体事业融合在一起的时候，才能最有力量。　　　　——雷锋

人的生活离不开友谊，但要得到真正的友谊才是不容易；友谊总需要忠诚去播种，用热情去灌溉，用原则去培养，用谅解去护理。

——马克思

第九章

精益求精立于成功之巅

导读

　　"不登高山，不知天之大；不临深谷，不知地之厚也。"再辉煌的成就，只能代表过去，而每一次太阳升起，都是一个崭新的零起点。大千世界，物竞天择，适者生存。若想适应新环境，必须不断充实和完善自我，不断进步。切记：没有最好，只有更好！你可以不做历史的丰碑，但一定要做永远前行的自己！

■ "桥坚强"支撑不屈的脊梁

登上杭州六和塔后极目眺望,会看到一座雄伟的现代化两层铁路、公路大桥飞架在钱塘江上,这就是我国历史上第一座自己设计并建造的现代化大铁桥——钱塘江大桥。它是由我国著名桥梁专家茅以升先生主持设计建造的,大桥集光荣与悲壮于一身,是中国桥梁史上一座不朽的丰碑。

茅以升是江苏镇江人,1896 年出生在一个贫寒的读书人家庭里。他的母亲是一位有学问有见地的女子,深知学问的重要性,省吃俭用也要供孩子上学。幼年的茅以升非常体谅母亲的良苦用心,因此非常珍惜求学的机会。不过,那时候在学堂里,他的年龄最小,个子也矮,穿的衣服也很破旧,便成了有钱人家子弟的欺侮对象。面对那些讥讽、嘲笑、冷眼和歧视,茅以升暗暗咬紧牙关,告诉自己一定要发愤读书,做全班成绩最优秀的学生——争口气!

茅以升天资聪慧,爷爷亲自教他学习古文时,习惯先把文章从头到尾抄录一遍,一面抄写一面讲解,等全篇抄完之后,再让他练习背诵讲解。这样,一个暑假过去了,茅以升能背诵上百首古诗和十几篇古文。一天,爷爷用毛笔抄写《东都赋》,茅以升站在旁边默诵着。赋文写得很长但也很美,他被深深地吸引住了,沉入了一片美好的境界之中。等爷爷抄完了,他情不自禁地抓住爷爷的衣袖说:"爷爷,让我背诵一遍你听听。"他果真从头到尾熟练地背了出来。爷爷惊喜地暗自赞叹:"这孩子,将来一定有出息啊!"

小时候最大的乐事,就是每到端午节去南京秦淮河上看赛龙船,河两

岸和小桥上都会挤满人。锣鼓喧天,鞭炮齐鸣,热闹极了。可是九岁那年,小茅以升却亲眼目睹这个喜庆日变成了灾难日——由于看龙船的人太多,把秦淮河上的文德桥挤塌了。不少人掉进了河里,有的人不幸被淹死。

小茅以升惊呆了!这次事件在他幼小的心灵里留下抹不去的阴影和悲痛,也埋下了理想的种子——长大以后要为人民造桥,造非常非常结实的大桥!

从此以后,他开始十分留心各种桥梁,只要见到桥,便总是注意观察桥面桥桩,久久不肯离去。在读诗文时,遇到有关桥的句子或介绍,就立即摘抄在本子上,见到有桥的画面就剪贴起来。有一天,爷爷给他讲"神笔"马良的故事,告诉他得到神笔的秘诀,就是"勤奋"二字。这两个字立刻深深地印在心灵里,茅以升把它看做是得到架桥"神笔"的秘诀。

带着这股勤奋好学的劲头儿,11岁的茅以升考进了"唐山路矿学堂",在班里他的年龄最小,但成绩名列前茅。他的记忆力也让所有师生佩服,能把圆周率小数点后面一百位数都熟练地背诵下来,经久不忘。老师夸他是奇才,问他的理想是什么?茅以升的回答很坚定——为中国建最结实的桥!

对茅心升思想影响最深的一次经历,应当是孙中山先生到唐山路矿学堂的一次鼓舞人心的演讲。孙中山先生时任南京临时政府大总统,他说革命需要两路大军,一路举行起义,建立民众政权;一路向西方学习,掌握先进的科学技术,因而在学堂里学习也是革命。茅以升下定决心,一定要做中国最好的桥梁专家,为国家做出贡献。

有理想就会有动力。茅以升废寝忘食,终于以第一名的成绩考取了清华学堂官费研究生,有机会更全面更系统地学习各种知识。后来,又用一年时间攻下美国康奈尔大学硕士学位;接着到匹兹堡桥梁公司实习,同时又在梅隆工学院上夜大学,以顽强的毅力获得了博士学位,其博士论文《桥梁桁架的次应力》的科学创见,被称为"茅氏定律",并荣获康奈尔大学优秀研究生"斐蒂士"金质研究奖章;1982年当选为美国科学院院士。

然而,在黑暗的旧中国,那些知名的大桥,却都写着外国人的名字:郑州黄河大桥是比利时人造的,济南黄河大桥是德国人造的,哈尔滨松花江

大桥是俄国人造的,蚌埠淮河大桥是英国人造的,沈阳的浑河大桥是日本人造的,云南河口人字桥是法国人造的……

茅以升心痛不已,但他相信,总有一天会让外人国为中国桥梁竖大姆指的!等待是漫长而折磨人的,但茅以升不害怕等待,因为等待意味着有希望,只要有希望就一定能变成现实。

终于,茅以升回国13年后,机遇终于来了!

茅以升毅然辞去北洋大学教授的职务,应邀担起建设钱塘江大桥的重任。在此之前,中国政府铁道部顾问、美国桥梁专家华德尔曾搞过一个设计,是一个公、铁、人行道同层并行的联合桥。形象佝偻、桥面宽、桥墩大、稳定性差,投资需要758万银元;而茅以升精益求精,经过一年多的勘察、设计、筹备,设计出了一个双层联合桥,外形美观,桥基稳固,投资只需510万银元(合当时美金163万元)。

但是设计归设计,很多人并不相信茅以升的设计会变成现实。因为钱塘江自古就是一条凶险之江,上游时有山洪暴发,下游常有海浪涌入,若遇台风过境,浊浪排空,势不可挡;提及高达5米~7米的钱塘江大潮,更令人生畏,这是其一;再者,历史上有这样的传说,钱塘江无底,当然它不会是无底的,但是,江底石层上有极细的流沙,深达40余米,在上面打桩,十分困难。

甚至有的外国工程师妄言:"能在钱塘江上造大桥的中国工程师,还没出世呢!"然而,血气方刚的茅以升却矢志不渝:"一定要造出由中国人自己设计建造的现代化大桥。"

建桥并非一帆风顺,茅以升遇到的第一个难题就是打桩。要把长长的木桩打进厚达40多米的泥沙层,站在江底岩石上才算成功。他首先设计了一艘打桩船,不幸遇杭州湾狂风巨浪,触礁沉没;他又赶制了第二艘打桩船,仍然定位不准,辛苦一天,只打成一根桩。按设计要打1400根桩,这样要打到何时才能完成? 沉了一艘船,进度又很慢,来自各方面的压力很大。此时,深明大义的母亲风尘仆仆地赶到杭州,以唐僧取经遭遇九九八十一难终获成功为例,极大地鼓舞了茅以升的斗志。

茅以升在工程中严格缜密,特制了江上测量仪器,解决了木桩定位问

题;再用"射水法"打桩,工效大为提高;浮运沉箱,是关键的基础工程,后来根据一位工人的建议,把每个3吨重的6个铁锚改为每个10吨重,在海水涨潮时放沉箱入水,落潮时赶快就位,结果一举成功。茅以升充分发挥80多名工程技术人员和900名工人的智慧,攻克了80多个难题。

经过艰苦奋战,大桥于1937年9月全线竣工。桥全长1453米,上层为双车道公路,车道宽6.1米,两侧人行道各宽1.52米;下层为单线铁路。正桥18孔,跨距66米;桥下距水面有10米空间,可以畅通轮船。在铁路和公路桥之间,有10.7米高的M形钢架,承托公路桥面,既分承了运载的重力,又凝聚了桥身的承应力;立体几何结构,巧妙地美化了这条千米"苍龙"。桥身联接北岸青山巨塔和南岸广袤平原,江、山、水、塔、桥……和谐地构成一幅雄伟壮丽的立体图画。

钱塘江大桥的建成,粉碎了非洋人不能建造铁桥的神话,成为中国建桥史上的一个里程碑;世界对中国人从此刮目相看,他们不得不相信——中国新一代桥梁工程师,已经诞生了!

然而,正像母亲讲的唐僧取经那样,不经历九九八十一难,就很难修成正果。但是磨难对真正的强者来说,是一笔巨大的人生财富,它把强者的人生意志砥砺得更加顽强。茅以升就是这样一位强者,深知"造桥是爱国,炸桥也是爱国。"1937年"七七"卢沟桥事变爆发后,他在12月23日正式接到南京政府的炸桥命令,亲手引爆了炸弹。

当晚,茅以升曾含泪在书桌前写下了八个大字——"抗战必胜,此桥必复"!这样一个坚贞不渝的愿望和对自己作品的自信,终于在新中国成立后得以实现。后来,他又为新中国不懈地工作着,参与设计了武汉长江大桥;晚年,他编写了《中国桥梁史》,著有《中国的古桥和新桥》等。

如今,钱塘江大桥已经75岁"高龄"了,但依然坚强地承载着它的使命,让那些"新生代"的摇摇欲坠的桥梁望尘莫及。茅以升的塑像在钱塘江公园里挺立,凝视着自己亲手设计的钱塘江大桥,仿佛在说——"人生乃一征途耳,回首前尘,历历在目,崎岖多于平坦,忽深谷,忽洪涛,幸赖桥梁以渡。桥何名欤? 曰奋斗!"

逐梦箴言

　　磨难总是以它的冷峻和残酷使强者的命运得以升华，从而变得睿智、深邃、丰富多彩。茅以升始终抱着不屈不挠的精神，在逆境中挣扎、奋斗，最终成为中国现代桥梁之父。1958 年在北京修建人民大会堂时，周恩来总理曾明确指出："要有茅以升的签名来保证。"这是对他能力和人格的双重信任。"烈火试真金，逆境试强者。"茅以升为中国建造了不朽的钱塘江大桥，他自己——则是人们心中永远的丰碑！

知识链接

【赵州桥】

　　又称安济桥，坐落在河北省赵县洨河上。建于隋代（公元581 - 618 年）大业年间（公元 605 - 618 年），由著名匠师李春设计和建造，距今已有约 1400 年的历史。是一座空腹式的圆弧形石拱桥，净跨 37m，宽 9m，拱矢高度 7.23m，栏板、望柱和锁口石等上雕刻的狮象龙兽形态逼真，精致秀丽，是当今世界上现存最早、保存最完善的古代敞肩石拱桥。1961 年被国务院列为第一批全国重点文物保护单位。

【武汉长江大桥】

　　位于湖北省武汉市，横跨于武昌蛇山和汉阳龟山之间，是中国在长江上修建的第一座铁路、公路两用桥梁，被称为"万里长江第一桥"。1955 年 9 月 1 日开工，于 1957 年 10 月 15 日建成通车。全桥总长 1670 米，其中正桥 1156 米，西北岸引桥303 米，东南岸引桥 211 米。从基底至公路桥面高 80 米，下层为双线铁路桥，宽 14.5 米，两列火车可同时对开。上层为公路桥，宽 22.5 米，桥身为三联连续桥梁，每联 3 孔，共 8 墩 9 孔。每孔跨度为 128 米，为终年巨轮航行无阻起了很大的作用。

我的未来不是梦

【卢沟桥】

亦作芦沟桥,在北京市西南约 15 千米处丰台区永定河上。因横跨卢沟河(即永定河)而得名,是北京市现存最古老的石造联拱桥。始建于金大定二十九年(1189 年),全长 266.5 米,宽 7.5 米,最宽处可达 9.3 米。有桥墩十座,共 11 个桥孔,整个桥身都是石体结构,关键部位均有银锭铁榫连接,为华北最长的古代石桥。1937 年 7 月 7 日,日本帝国主义在此发动全面侵华战争。宛平城的中国驻军奋起抵抗,史称"卢沟桥事变"(亦称"七七事变")。中国军队在卢沟桥打响了全面抗战的第一枪。

【南京长江大桥】

南京长江大桥,位于南京市西北面长江上,连通市区与浦口区,是长江上第一座由我国自行设计建造的双层式铁路、公路两用桥梁。上层的公路桥长 4589 米,车行道宽 15 米;下层的铁路桥长 6772 米,宽 14 米,铺有双轨,两列火车可同时对开。其中江面上的正桥长 1577 米,其余为引桥,是我国桥梁之最。正桥的路栏上,公路引桥采用富有中国特色的双孔双曲拱桥形式。公路正桥两边的栏杆上嵌着 200 幅铸铁浮雕,人行道旁还有 150 对白玉兰花形的路灯。

■ 最终是要靠作品说话的

美籍华人建筑师贝聿铭、法国华人画家赵无极和美籍华人作曲家周文中，被誉为海外华人的"艺术三宝"。

人们称贝聿铭为建筑设计界的"奇才"、"现代派设计大师"，建筑界也给予他很多荣誉：英国皇家金质奖章，美国全国建筑学院金质奖章，普利兹克建筑奖第一位华人获奖者，亚洲协会向他颁奖，上海同济大学授予他"名誉教授"的称号。

作为20世纪最成功的建筑师之一，贝聿铭设计了大量的划时代建筑，属于实践型建筑师，作品很多，论著较少。在美国许多大城市中，都有他的作品。贝聿铭在每个设计理念上都希望能出新出奇，他偏爱石材、混凝土、玻璃和钢，觉得更要追求精益求精，绝不允许出现任何偏差。正是因为这种认真的敬业精神，才让他站到了建筑事业的顶峰。

贝聿铭出生于广州，而祖辈是苏州的望族。10岁随父亲来到上海，童年和少年是在风景如画的苏州和高楼林立的上海度过的。在上海读书时，他周末常到一家台球馆去玩台球。台球馆附近正在建造一座当时上海最高的饭店。这引起了他的好奇心：人们怎么会有建造这么高的大厦的能耐，由此他产生了学习建筑的理想，希望长大后也做一名能创造神奇的建筑师。

为了实现这个理想，父母带他去了美国，不过宾州大学以图画讲解古典建筑理论的教学方式，使贝聿铭很失望，便又转学到麻省理工学院，后来又进入著名高等学府哈佛大学攻读硕士学位。几年的学习经历，让他对建筑的热衷程度又提升到一个新台阶，期待有机会发挥自己的智慧，创造出

我的未来不是梦

满意的作品。

当然，从纯学术的象牙塔进入到实际的建筑领域，是一个艰难的过程，尤其那个时候在美国建筑界，根本不接纳华人建筑师。这对贝聿铭的打击很大，觉得世界不太公平。但他并没有放弃，依然出去应聘，想通过自己的实力得到认可。

终于在 1948 年，纽约市极有魄力的房地产开发富商威廉·柴根道夫慧眼识英雄，破例聘用华人贝聿铭担任建筑研究部主任。贝聿铭很珍惜这次机会，踏踏实实工作，一方面回报柴根道夫的知遇之恩，另一方面也渴望有朝一日，实现自己的梦想。柴根道夫很欣赏贝聿铭的学识和严谨的设计理念，二人合作长达十二年之久，有很多作品问世，给柴根道夫创造了经济价值，也使由聿铭在美国建筑界崭露头角，奠定了此后数十年的事业基础。

直到 1960 年，贝聿铭成立了自己的建筑公司。他设计了许多既有建筑美感又经济实用的大众化的公寓，很受工薪阶层的欢迎。后来，事业蒸蒸日上，他又把目光逐渐转移到巨型公共建筑物的设计，想为城市留下更有价值的东西，想为世界创造出精品。

他设计的波士顿肯尼迪图书馆，被誉为美国建筑史上最杰出的作品之一；还有丹佛市的国家大气研究中心，纽约市的议会中心，也使很多人为之倾倒；费城社交山大楼的设计，使贝聿铭获得了"人民建筑师"的称号；华盛顿国家艺术馆东大厅，令人叹为观止，美国前总统卡特称赞说："这座建筑不仅是首都华盛顿和谐而周全的一部分，还是公众生活与艺术之间日益增强联系的艺术象征。"中国北京西山的香山饭店也是他设计的，集中国古典园林建筑之大成，别具一格。他还应法国总统密特朗之邀，完成了法国巴黎拿破仑广场的卢浮宫的扩建设计，工程完工后，卢浮宫成为世界最大的博物馆。人们赞扬这位东方民族的设计师，用独到的设计"征服了巴黎"……

四十余年来，贝聿铭一直不间断地学习，秉承着现代建筑的传统，持续地对形式、空间、建材与技术研究探讨，使作品更多样性，更优秀。他从不为自己的设计辩说，从不自己执笔阐释解析作品观念，他认为建筑物本身，就是最佳的宣言。

逐梦箴言

有人说:"如果你希望成功,就以恒心为良友,以经验为参谋,以谨慎为兄弟吧。"本节主人公贝聿铭在逐梦的路上,真正做到了这三点,才让他本人像设计的所有建筑作品一样,"永不倒塌"。"操千曲而后晓声,观千剑而后识器",实践得出真知,真知让实践一次比一次更完美!而对于每一个人来说,其实跟建筑师一样,最终都是要靠"作品"说话的!

知识链接

【卢浮宫】

世界上最古老、最大、最著名的博物馆之一,位于法国巴黎市中心的塞纳河北岸,始建于 1204 年。占地面积约为 45 公顷,建筑物占地面积为 4.8 公顷。全长 680 米。它的整体建筑呈 "U" 形,分为新、老两部分,老的建于路易十四时期,新的建于拿破仑时代。宫前的金字塔形玻璃入口,是华人建筑大师贝聿铭设计的。同时,卢浮宫也是法国历史上最悠久的王宫。藏品中有被誉为世界三宝的《维纳斯》雕像、《蒙娜丽莎》油画和《胜利女神》石雕,更有大量希腊、罗马、埃及及东方的古董,还有法国、意大利的远古遗物。陈列面积 5.5 万平方米。

【肯尼迪图书馆】

1964 年为纪念已故美国总统约翰·肯尼迪,在波士顿港口建造的一座永久性建筑物。建造了 15 年之久,于 1979 年落成,设计新颖、造型大胆、技术高超,公认是美国建筑史上最佳杰作之一。美国建筑界宣布 1979 年是"贝聿铭年",授予他该美国建筑学院金质奖章。图书馆是一座倚海矗立,黑白分明的现代化建筑。是一套几何图形的组合,一个圆台形体,一个似长方形,似三角形的竖体,一个横长条体。建筑主体上有一块

我的未来不是梦

建筑是一次诗意旅行

知识链接

大面积突出的黑色玻璃幕墙,镶嵌在全白建筑正面上,整座建筑造型独特简洁,反差分明。

【北京香山饭店】

由贝聿铭设计,融中国古典建筑艺术、园林艺术、环境艺术为一体的四星级酒店。用简洁朴素的、具有亲和力的江南民居为外部造型,将西方现代建筑原则与中国传统的营造手法,巧妙地融合成具有中国气质的建筑空间。外貌似很普通,就像一个内秀的姑娘,初看似乎貌不惊人,但是愈看就愈会感到她轻妆淡抹的自然美,这是建筑给人的整体印象。建筑的前庭、大堂和后院,分布在一条南北的轴线上。空间序列的连续性,营造出中国传统建筑庭院深深的美学表现。

用钢铁创造震惊世界的奇迹

埃菲尔铁塔是世界建筑史上的杰作,被法国人爱称为"铁娘子"。它和巴黎圣母院、卢浮宫、凯旋门、香榭丽舍大街一样,是巴黎的地标性建筑。如果说,巴黎圣母院是古代巴黎的象征,那么,埃菲尔铁塔就是现代巴黎的标志。

埃菲尔铁塔得名于设计它的工程师亚历山大·居斯塔夫·埃菲尔。

埃菲尔 1832 年生于法国第戎, 1923 年逝世于巴黎, 他的父亲是军队的文职人员,母亲是一位富有想象力的妇女。19 世纪中叶,拿破仑第一帝国灭亡后,法国经济一片萧条。为摆脱家境的贫困,埃菲尔的母亲毅然挑起了生活的重担,决定单独经营一家煤栈,于是就将埃菲尔交给外婆抚养。外婆心细善良,疼爱他的同时,教给他很多做人的道理,鼓励他要坚强独立。正是由于长期受到母亲和外婆耳濡目染的影响和教育,埃菲尔从小养成了善于独立思考、大胆设想、勤学好问的好品格。这也为他日后成为一个出类拔萃的工程师奠定了基础。

埃菲尔 12 岁进入本地的一所皇家中学学习。开始时他的学业不算好,中学毕业也没能考上著名的巴黎理工大学。他并不灰心,刻苦地补习功课,期待有一天出人头地,让母亲过上幸福的生活。到了 20 岁那年,他终于以优异的成绩考上了培养工程师的技艺学校。在那里,生活条件还是很艰苦,他租用了单身宿舍,经常挤在桌子和火炉中间通宵达旦埋头读书。有人说,在困难的环境里,才能让人迸发斗志,埃菲尔就是这样。

我的未来不是梦

　　勤奋的汗水从来不会白流,不久,他终于以良好的成绩领到了工程师的毕业文凭,朋友介绍他进入西部铁路局研究室任工程师。从此,埃菲尔踏上了建筑结构工程师的道路,而且很快拿到了第一个主要的工程委托,就是法国波尔多的加隆河铁道桥。这也是他终生最佳成就的表彰之一,以"旱桥专家"的身份找到了一小方立足之地。

　　1889 年法国大革命 100 周年之际,巴黎要举办大型国际博览会以示庆祝,埃菲尔凭自己的实力,得到了设计权。然而法国政府虽然决定在巴黎建造一座世界最高的大铁塔,但提供的资金只是所需费用的 1/5。很多人劝他放弃吧,因为此项工程的风险性太大,政府都不能全力支持,那么凭借他一个人的力量,又如何实现?

　　但是埃菲尔心中已经有了铁塔的雏形,他不愿意放弃自己的宏伟设计,最后孤注一掷,将他的建筑工程公司和全部财产抵押给银行,作为工程投资。亲朋好友都震惊了,问他是不是疯了? 难道真要让自己倾家荡产吗?埃菲尔对大家说,其实也是鼓励自己说——会成功的,一定会成功的! 一定要用钢铁创造奇迹!

　　1887 年 1 月 28 日,埃菲尔铁塔正式开工。250 名工人冬季每天工作8 小时,夏季每天工作 13 小时,终于,1889 年 3 月 31 日这座钢铁结构的高塔大功告成。埃菲尔铁塔是由很多分散的碎片组成的——看起来就像一堆模型的组件。不过,这些碎片可不是塑料的,而是金属的,而且有 18 038个,重达 10 000 吨,施工时共钻孔 700 万个,使用铆钉 250 万个。由于埃菲尔对工作严格要求,每个环节都力求精确再精确,在铁塔上的每个部件上事先都严格编号,所以装配时没出一点差错。

　　建成后的埃菲尔铁塔高 300 米,直到 1930 年,它始终是全世界最高的建筑,迎接来自五大洲的游客一亿多人次。1989 年 3 月 31 日,埃菲尔铁塔整整 100 岁。为此巴黎铁塔管理公司特地主持隆重的纪念活动,重现了百年前埃菲尔率众登顶的历史场景:身着黑色礼服、头戴宽边礼帽、手持国旗的"埃菲尔"和 30 名"知名人士"、"建筑工人",在隆重的鼓乐声中拾级而上。当他把三色旗插上塔顶时,21 响礼炮齐鸣,群鸽绕塔飞翔,彩色气球飘上蓝

天。在铁塔 2 层平台的围栏上悬挂着用世界各国文字书写的 "庆祝铁塔 100 岁"的彩色条幅。

埃菲尔铁塔经历了百年风雨,巍然屹立在塞纳河畔的战神广场上,是全体法国人民的骄傲。无数游客翘首仰望它,同时也向伟大的设计师埃菲尔致敬!

逐梦箴言

有恒心的人,可以化渺小为伟大,化平庸为神奇。埃菲尔先生用自己的才华和汗水,给普通钢铁赋予了永恒的生命。他当初交付埃菲尔铁塔图纸时曾说过:"只有适当的油漆,才能保障这座金属建筑的寿命。"这句话对于"铁娘子"的维护很是适用,同时也更适合于现今人们情感的维系:"细致关怀,善始善终,这才是人间大美之所在!"

知识链接

【自由女神像】

全名为"自由女神铜像国家纪念碑",正式名称是"照耀世界的自由女神",是法国在 1876 年赠送给美国独立 100 周年的礼物,矗立在美国纽约市海港内自由岛哈德孙河口附近,被誉为美国的象征。1984 年,它被列入世界遗产名录。创作者是弗雷德里克·奥古斯特·巴托尔迪。自由女神穿着古希腊风格的服装,所戴头冠象征世界七大洲及五大洋的七道尖芒,右手高举象征自由的火炬,左手捧着刻有 1776 年 7 月 4 日的《独立宣言》,脚下是打碎的手铐、脚镣和锁链。她象征着自由、挣脱暴政的约束。雕像底座是由居斯塔夫·埃菲尔设计的。自由女神像高 46 米,加基座为 93 米,重 200 多吨。

我的未来不是梦

181

【巴黎凯旋门】

位于巴黎戴高乐星形广场的中央，又称星形广场凯旋门或戴高乐凯旋门，是法国皇帝拿破仑·波拿巴为纪念奥斯特利茨战争的胜利而建立，1806 年奠基，1836 年落成。它是欧洲 100 多座凯旋门中最大的一座。设计师是沙勒格兰。建筑高 48.8 米，宽 44.5 米，厚 22 米，中心拱门宽 14.6 米。正面有四幅浮雕——《马赛曲》、《胜利》、《抵抗》、《和平》。最吸引人的是刻在右侧石柱上的"1792 年志愿军出发远征"，即著名的《马赛曲》的浮雕，是世界美术史上占有重要的一席之地的不朽艺术杰作。

【香榭丽舍大街】

也叫爱丽舍田园大街，是巴黎城一条著名的大街，东起巴黎的协和广场，西至戴高乐广场，地势西高东低，全长约 1800 米，宽 100 米，是巴黎大街中心的女王。爱丽舍田园大街取自希腊神话"神话中的仙景"之意。有人戏称这条街是"围墙"加"乐土"的大街，法国人则形容她为"世界上美丽的大街"。

● 智慧心语 ●

人生是一个永不停息的工厂，那里没有懒人的位置。

——罗曼·罗兰

盛年不重来，一日难再晨，及时宜自勉，岁月不待人。 ——陶潜

如果一个人不知道他要驶向哪头，那么任何风都不是顺风。

——塞涅卡

建筑是有生命的，它虽然是凝固的，可在它上面蕴含着人文思想。

——贝聿铭

青少年是美好而又一去不可再得的，是将来一切光明和幸福的开端。

——加里宁

一个人天资再好，没有勤奋，在科学上也将一事无成；反之，有了勤奋，天资不足，也完全可以取得成就。

——茅以升

我的未来不是梦

183

建筑是一次诗意旅行

埃菲尔铁塔

第十章

做自己命运的建筑师

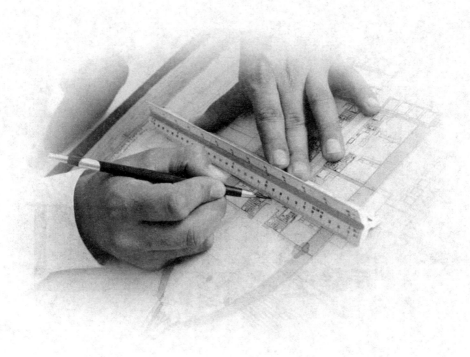

○导读○

　　一路走来，我们细细品读了各位建筑大师的励志故事，现在请慢慢想想，你是否有这样的启迪：人生其实很像一个建筑物，每个人都有机会做自己命运的建筑师。唯一不同的是，你给命运确定了一个什么样的大方向，然后又如何走下去。

人生如建筑

　　人生如建筑,你想成为一幢摩天大楼,还是成为一间民房,或是只做普通的砖石? 是圆形的、方形的,或是三角形的? 最终只取决于你这个建筑师。

　　首先,若想为自己的人生添砖加瓦,必须清醒地知道:自己的兴趣爱好是什么,自己将来能成为什么? 所谓人无完人,每个人的才能都是有限的,不可能面面俱到,即使是爱好广泛兴趣多多,但能真正像林徽因那样把建筑和文学做到完美统一的,毕竟少之又少。所以,先认清自我,如果命运注定你不能像"埃菲尔铁塔"那样成为奇迹,那么就把自己建造成精致怡然的"流水别墅";如果连别墅也成不了,那也没有什么可怕,你完全可以把自己修建成自然、简朴、实用的"红屋"……

　　人生千万不要好高骛远,虽然"不想当元帅的士兵不是好士兵",毕竟元帅只有一个,绝大多数人还是士兵,但这绝不影响士兵成为真正的英雄。命运是很公平的,如果上帝没赋予你美貌,那一定会赋予你智慧;如果没赋予你智慧,那一定会赋予你美德;如果没赋予你逻辑思维能力,那一定会赋予你形象思维能力;如果没赋予你动脑能力,那一定会赋予你动手能力。

　　每个人都是上帝的宠儿,一定赋予了你很闪光的优点,只是你要能认识到,并把它发挥出来。因此,无论成为何种建筑,重要的是在你所处的环境里,你要拥有独特的气质,成为一种精神,并用你的精神感染那些从你身边经过的人——这样的你,就是成功的!

　　其次,一定要有扎实的基本功,并且保持良好的心态。没有一个建筑是凭空而起的,如果外界环境没给我们创造"扎根深海 40 米的铁桩",千万不要

怨天尤人,或者自暴自弃。人最终是要靠自己的,尽自己所能,用一砖一瓦堆积成适合陆地的根基,只要是扎扎实实脚踏实地,一样能成为别致的风景。

面对不平等的先天条件,一定要维持健康的心态。"积极的心态"也是一种"求胜"的性格,它在选择人生的方向与质量时,通常表现为自信、快乐,对自己所处的环境很快就能很好地适应并能做到"如鱼得水"。它将给你带来健康、成功与财富,是走向成功的基础。

消极心态的人往往也是自卑、烦恼之人,由于具有"求败"性格,势必对现实与未来悲观失望,甚至自取灭亡。或者虽然不是消极,但却急于求成,那样即使真的成为高楼大厦,终也会坍塌成一片废墟。所以,在没有变成建筑物之前,要耐得住寂寞和冷清,努力给自己添砖加瓦——每天进步一点点,这就是成功!

再者,要融入到生活的环境中,努力培养良好的道德品质。"人"是社会人,永远不是独立存在的个体,因此与社会这个大家庭融合到一起,是必须要经历的过程;就像建筑师把大自然当成参考书一样,更是一个不断求索的必由之路。

要用美好的心情去观察周围的事物,像伍重那样留心大自然的每一次赠予,那么喜怒哀乐最后都会变成你的财富。尺有所短,寸有所长,只要你仔细观察,就能从周围的事物中学到有益的东西。

人生的美好在于人情的美好,人情的美好,在于人性的美好,人性的美,在于迷人的、能够吸引人的个性。对他人的生活、工作表示深切的关心;与人交往中求同存异,避免冲突;学会倾听别人的观点;学会夸奖别人;有微笑的魅力;别吝啬自己的同情;要学会认错,学会宽容大度。无论何时都要记住:是你在适应环境,而不是环境在适应你。

俗话说:"小胜在智,大胜在德。"当你在大环境中培养了良好的品质,你的思想也会在到一定的境界。一切工作、事业上的成就,归根结底都源于做人的成功。

还有,就是有正确的思考方法,并且不断创新。有人说,成功等于正确的思想方法,加上信念,再加上行动,这是有道理的。一个人对人和事物本质的慎思明辨，是顿悟的能力，正因为有了悟性，才驱使我们继续思考，发现其意义和价值，从而在原有的基础上有所创新和发掘。

正确的思想，能让人看到隐藏在事物后面的精神因素，无声胜有声，把经验化为智慧，做人做事都"拿得起、放得下"，这样才能从容应对顺境与逆境。人生实在一个大智慧，要学会两个字：一个是"忍"，一个是"悟"。

忍了，便可以做到海阔天空，也就锻炼了自制力。自制是一种最艰难的美德，有自制力才能抓住成功的机会。成功的最大敌人是自己，缺乏对自己情绪的控制，会把许多稍纵即逝的机会白白浪费掉。如愤怒时不能遏制怒火，使周围的合作者望而却步；消沉时，放纵自己的萎靡，丧失斗志。

悟了，又可以让我们厚积薄发。人心变得有深度、高度和广度了，才会有时间和空间萌发创造力。无论这种创造力最后取得什么样的成果，至少提供今后要少走弯路的教训。"悟"出正确思想的人，也就具备了顽强坚定的性格和超强的潜力。记住——创新必胜！

接下来，一定要坚持不懈，顺境逆境都绝不轻言放弃。有时候，成功并不能用一个人达到什么地位来衡量，而是依据他在迈向成功的过程中，到底克服了多少困难和障碍。很多时候，努力了不一定成功，但若是放弃，就一定是失败。

巴尔扎克说过："苦难对于天才是一块垫脚石，对于能人是一笔财富，而对于弱者则是万丈深渊。"逆境显示高尚与邪恶，同时考验坚韧与脆弱。人格的伟大无法在平庸中养成，只有历经锤炼与磨难，才会激发无穷的战斗力，视野才会开阔，灵魂才会升华。

其实，偶尔的失败也是正常的，颓废是可耻的，重复失败则是灾难性的。失败乃成功之母，要从挫折中吸取教训。成功是一连串的奋斗，要有屡败屡战的心理准备，用毅力克服阻碍，做自己的对手，战胜自己。

要在任何时候都保持你的热忱。热忱是一种最重要的力量，有史以来没有任何一件伟大的事业，不是因为热忱而成功的。热忱要有高尚的信念，如果热忱出于贪婪和自私，成功也会昙花一现。热忱是一种积极意识和状态，能够激励自己采取行动，同时还能感染和鼓舞他人。当你在逆境

我的未来不是梦

中也能保持热忱——那么离成功真的不远了！

然后，珍惜每位良师益友，相信团结的力量。所谓"多个朋友多条路"，能在人生之路上与你相陪的伙伴，能在你迷茫的时候给你指点迷津，能在你得意的时候及时敲敲警钟，能在痛苦的时候给予你安慰……这些都是你的真朋友，请珍惜他们。

不可否认，人际关系是人生事业成败的一个重要因素，也是人们生活中一个重要资源。最简单的道理，朴素得不能再朴素：关系多=朋友多=信息多=机会多=财富多。不过，这种人际关系的前提，一定应该是知识与能力及人生的价值观都是正确的，要做到"近朱者赤"，切不可"近墨者黑"。

"砖连砖成墙，瓦连瓦成房"。回想我们故事中提到的很多建筑师，他们都是在跟良师益友的合作中，勤学好问，不耻下问，最终实现了各自的理想。"二人力量胜一人，三人省力，四人更轻松，众人团结紧，百事能成功"——精诚合作，让智慧变得更加丰满，让思想变得更加成熟，让设计变得更加完美，让成就变得更辉煌！

最后，既要做到精益求精，还要跟时间赛跑。纵观古今中外的著名建筑大师们，他们对自己的设计都有一颗严格的心，不允许有一丝一毫的偏差。世界各地有很多新建筑物倒了，不是因为"年老"，而是因为各种原因造成的"误差"。所谓"失之毫厘、谬之千里"，对于建筑物来说，误差就是致命的硬伤；就像一个小小的小数点，如果点错位置，算出来的结果会是什么样子呢？

不过，精益求精并不意味着拖延时间。曾经看到过如下一则小故事：有位领导问下属一个问题："石头怎样才能在水上漂起来？"反馈回来的答案五花八门，有人说把石头掏空；有人说把它放在木板上；有人说石头是假的。这位领导直摇头。终于有人站起来回答说："速度！"听到这样的回答，领导露出满意的笑容："正确！《孙子兵法》上说："激水之疾，至于漂石者，势也。因此，速度决定了石头能否漂起来。"

这个故事对人生和事业都有启迪。岁月经不起太长的等待，时间也不会在原地等你，机会更是会转瞬即逝，只有与时间赛跑，才有可能扣住成功的脉搏。如果成功有捷径的话——那就是一路飞翔，永远不停止地往前飞！

做自己的设计师

如果说人生真的是一个建筑物,你自己真的是那名设计师,那么时间和生命就应该是最基本的基础,能力是用时间和生命衍生出来的材料,志向与毅力是时间和生命砥砺出来的双飞翼。

有的人,把自己打磨成工匠,用时间生命和能力做成了船,然后摇橹过江,驶向理想的彼岸;有的人,把自己铺成横跨于波涛上的大桥,用不屈的身体做旅途,联通五湖四海的心与心的彼岸;有的人,把自己凝结成礁石,任凭浪打风吹,直到连接成得像桥一样稳固,让人们走向平安的彼岸;有的人,把自己铸成守望江水的雕像,护佑着一方水土,让百姓走向丰衣足食的彼岸;还有的人,在风雨飘摇中失了方向,最后沉入水中,到了生命的"彼岸",不再复返。

命运如同手中的掌纹,无论多曲折,终是掌握在自己手中——那么你呢? 在这个充满诗意的"建筑"过程中,你是想做造船者,以最快的速度到达最正确的方向? 还是以艰辛努力为荣,渡己渡人为乐? 或是做默默无闻的礁石,造福后人?

有人说,一个伟大建筑师成功的秘诀有三句话:"用半年的时间调研,三年的时间完成;保留原住居民,不单纯追求商业利益;不做假古董。"那么我们,虽然无法选择世界,也无法改变世界,却可以做自己的建筑师,"建造"一个成功的你自己!

● 智慧心语 ●

只要朝着阳光,便不会看见阴影。　　　　　　　　　　——海伦·凯勒

生命有如铁砧,愈被敲打,愈能发出火花。　　　　　　　——伽利略

人生就像海洋,只有意志坚强的人,才能到达彼岸。

——马克思

乐观是一首激昂优美的进行曲,时刻鼓舞着你向事业的大路勇猛前进。

——大仲马

危险、怀疑和否定之海,围绕着人们小小的岛屿,而信念则鞭策人,使人勇敢面对未知的前途。

——泰戈尔

成功的花,人们只惊羡她现时的明艳!然而当初她的芽儿,浸透了奋斗的泪泉,洒遍了牺牲的血雨。

——冰心